Wolfgang Hoffmann

QUEDLINBURG

Schmidt BUCH

Titelbild: Stiftskirche St. Servatii und Schloß

Bibliografische Information Der Deutschen Bibliothek
Die Deutsche Bibliothek verzeichnet diese Publikation in der Deutschen Nationalbibliografie; detaillierte bibliografische Daten sind im Internet über http://dnb.ddb.de abrufbar.

Es fotografierte Thorsten Schmidt
Foto S. 21: Rosi Radecke

Lektorat: Marion Schmidt

Die Winde 45; 38855 Wernigerode; Tel.: (0 39 43) 2 32 46, Fax: (0 39 43) 4 50 10
E-mail: info@schmidt-buch-verlag.de
9. aktualisierte Auflage 2004, 46. - 50. Tsd.
Layout und Bildbearbeitung: Schmidt-Buch-Verlag, Wernigerode
Druck und Weiterverarbeitung: Grafisches Centrum Cuno, Calbe

Internet: www.schmidt-buch-verlag.de

ISBN 3-928977-19-9

Wolfgang Hoffmann

Quedlinburg

Ein Führer durch die Weltkulturerbe-Stadt

Schmidt-Buch-Verlag Wernigerode

Geschichtliches

„Herr Heinrich sitzt am Vogelherd
Recht froh und wohlgemut;
Aus tausend Perlen blinkt und blitzt
Der Morgenröte Glut."

Recht verklärend mutet aus heutigem Sprachgefühl diese gereimte Schilderung der deutschen Geschichte aus der Mitte des 19. Jahrhunderts an, die bis vor wenigen Jahren von ungezählten Schülern auswendig gelernt werden mußte. Ganz im Stil der Spätromantik dichtete damals Johann Nepomuk Vogl darüber, wie der Sage nach Herr Heinrich aus dem Geschlecht der Liudolfinger zum deutschen König gekrönt worden sei. Zum Kaiser jedoch, wie Vogl an anderer Stelle fabulierte, hat es Heinrich nie gebracht.

Im Laufe der vergangenen Zeiten rankte sich um die Wahl des sächsischen Herzogs Heinrich zum Oberhaupt der deutschen Lande ein ganzer Kranz von Sagen. So soll der Finkenherd am Fuße des Schloßbergs der Ort gewesen sein, wo angeblich die Abgesandten der Fürsten im Jahre 919 den guten Heinrich beim Vogelfang gestört und ihm überraschenderweise die Krone samt der anderen Reichsinsignien überreicht haben sollen. Ganz so kann es jedoch nicht gewesen sein, denn Heinrich wußte längst von seinem Glück. Schließlich war er selbst bei der Königswahl in Fritzlar dabei gewesen.

Quedlinburgs Geschichte aber fängt sowieso nicht erst mit Heinrich I. an. Vielerlei archäologische Funde von Geräten, Waffen, Knochen und Gefäßen geben Kunde von den ersten Bewohnern der Gegend. Im nördlichen Harzvorland siedelten einst die Cherusker, betrieben Ackerbau und Viehzucht und waren so gar nicht die kriegerischen Gesellen, als die sie mancher deutschtümelnde Gymnasiallehrer Anfang des Jahrhunderts gern darstellte, auch wenn sie im Teutoburger Wald einmal über die Stränge schlugen. Jedenfalls, wenn man dem römischen Historiker Tacitus glauben darf.

In den Wirren der Völkerwanderungszeit während des 4. und 5. Jahrhunderts verschwanden die Cherusker dann von der Bildfläche. Fortan bestimmten die Duren oder Duringe (= Thüringe) auch hier im nörd-

Heinrich I. wird am Vogelherd die Königskrone angetragen (Fensterbild im Rathaus)

Blick über die Altstadt von Quedlinburg

lichen Harzvorland das Geschehen, was beispielsweise an dem Urnamen Quedlinburgs zu erkennen ist. Umfassende Grabungen haben unter anderem Mauerreste aus merowingischer Zeit (482 - 714 n. Chr.) ans Licht gebracht. Wahrscheinlich dienten sie dem Schutz eines großen Wirtschaftshofes südwestlich des Schloßfelsens, etwa dort, wo noch heute die Wipertikirche steht. Der Wirtschaftshof (villa) gehörte einem thüringischen Adligen QUITILO. Dieser Name enthält den noch im Mittelalter gebräuchlichen Wortstamm quit (reden). Und somit ist Quito jemand, der gut reden kann und Quitilo – die Verkleinerungsform – also der jüngere Quito (Sohn). Mithin lebte hier demnach der Sohn des Quito mit seiner Familie, seinen Gefolgsleuten und Knechten. In alten Dokumenten wird dieser Ort als Quitilinga oder Quitlingen bezeichnet.

Aus dieser und anderen Urkunden geht auch hervor, daß Heinrichs Familie, die Liudolfinger, im nördlichen Harzvorland über umfangreichen Landbesitz verfügte. Einer ihrer Stammsitze befand sich in oder bei Quedlinburg und diente nach Heinrichs Krönung als Königshof. Man nimmt an, daß dies der Wipertihof war. Als 929 der vielbeschäftigte König Heinrich von seinen Kriegszügen gegen die Slawen östlich der Elbe (Brennabor – das heutige Brandenburg – wird erobert, die Burg Meißen gegründet) nach Quedlinburg zurückgekehrt war, verfügte er zwei wichtige Dinge: Erstens bestimmte er zum Alleinerben des Reiches seinen zweiten Sohn Otto. Damit wollte er die Unteilbarkeit der deutschen Königsherrschaft sichern. Zweitens schenkte er seiner geliebten Frau Mathilde eine Reihe von Ortschaften zur Witwen-Nutznießung, darunter auch Quedlinburg.

Den Sandsteinfelsen nördlich des Wipertihofs ließ Heinrich I. zu einer starken Burg ausbauen. Die Mauern wurden verstärkt und steinerne Wohngebäude errichtet, ebenso eine kleine Kirche, in deren Altarhalbrund im Juli 936 Heinrich I. in einem schlichten Holzsarg zur letzten Ruhe gebettet wurde.

Als erste Amtshandlung gründete sein Nachfolger, der junge König Otto I., auf dem Burgberg ein reichsunmittelbares Frauenstift und stattete es reich mit Grundbesitz und Einkünften aus. Das Reichsstift zu Quedlinburg war ein eigener, in sich geschlossener Verwaltungs- und Gerichtsbezirk. In weltlichen Angelegenheiten stand es direkt unter dem Schutz des Königs oder Kaisers, in kirchlichen Fragen war es nur dem Papst Rechenschaft schuldig.

Für alle Sachsenkaiser war Quedlinburg ein bevorzugter Aufenthaltsort, an dem sie gern Hof hielten. Obwohl Heinrich I. nur viermal hier weilte, wurde doch ein erheblicher Teil seiner heute noch erhaltenen Urkunden in Quedlinburg ausgestellt. Neunundsechzig Aufenthalte deutscher Könige und Kaiser sind für die Zeit von 922 bis 1027 bezeugt. Als Otto III. zu seinem zweiten Italienzug aufbrach, betraute er 997 seine Tante, die Äbtissin Mathilde von Quedlinburg, mit der Verwaltung des Reiches. Über ein Jahrhundert, von Heinrich I. (919) bis Heinrich IV. (1053), war Quedlinburg soetwas wie eine „Hauptstadt des Reiches“. Dieser Begriff bezieht sich allerdings mehr auf Königshof und Schloßberg, denn eine Stadt wie heute existierte zu dieser Zeit noch nicht. Diese Entwicklung kam erst mit der Verleihung des Münz-, Zoll- und Marktrechts an die Äbtissin Mathilde, am 23. November 994, durch Otto III. in Gang. Ferner verfügte er die volle Immunität des Quedlinburger Marktes und den ungehinderten freien Handel im ganzen Reich. Diese Rechte hatten bis dahin nur die Kaufleute in Magdeburg und Goslar gehabt.

Die Hörigensiedlung mit kleinen Häusern und zeitweiligem Markttreiben am Fuße des westlichen Stiftsberges entwickelte sich zu einer eigenständigen Stadt mit Marktplatz, Rathaus, Stadtkirche und Wohnhäusern nebst Warenlagern. Im 11. Jahrhundert erlangten die Bürger die Rechte des Marktes und des Handels, der Befestigung, der Besteuerung und der Finanzverwaltung, ohne dabei die Oberhoheit des Stifts in Frage zu stellen. Infolge der überaus günstigen Privilegien, die das Stift der Stadt Quedlinburg gewährte, nahm die Zahl der Bürger und Kaufleute rasch zu. Die wirtschaftliche Potenz der Quedlinburger Bürger im 12. und 13. Jahrhundert muß beträchtlich gewesen sein. In jener Zeit entstanden das Rathaus, drei Stadtkirchen und die fast einhundert Meter lange Steinbrücke über die Bode (heute Mühlgraben); außerdem eine vier Kilometer lange Stadtmauer mit achtundzwanzig Türmen, die 1330 die Altstadt und die Neustadt zusammenfaßte. 1222 wurde die Neustadt erstmals als „nova civitate“ erwähnt. Zahlreiche feudale Abgaben, Frondienste, die allgemeine Agrarkrise des 13. Jahrhunderts und in ihrer Folge die Einführung der Leibeigenschaft ließen so manchen Landbewohner die Stadt als den Ort der Rechtssicherheit und des Wohlstands erscheinen. Sie alle folgten dem Ruf: „Stadtluft macht frei“.

Große zusammenhängende Bauflächen waren aber nur noch östlich der Bode vorhanden; und so fanden seit Beginn des 13. Jahrhunderts Arbeiten statt, den Fluß einzudämmen, das Gebiet hoch und trocken zu legen und beide Ufer miteinander zu verbinden. Straßennamen wie Damm, Word oder Pölle zeugen noch heute davon.

Ab 1326 beteiligte sich Quedlinburg an den damals üblichen Städtebünden gegen wechselnde Kontrahenten und Widersacher. 1426 trat Quedlinburg der Hanse bei und

Reichsadler über dem Rathausportal

zählte hier auf Grund seiner Finanzkraft zur zweitgrößten Städtegruppe hinter Magdeburg, Halle und Braunschweig.

Das 14. und 15. Jahrhundert war unbestritten für Quedlinburg eine Zeit großer wirtschaftlicher Blüte. Vermehrt wurden Ansehen und Macht der Stadt noch durch den siegreichen Ausgang der Fehde mit ihrem Schutzvogt Graf Albrecht II. von Regenstein im Jahre 1336 oder 1337. Als der Regensteiner Graf mit dem machtgierigen Bischof Albrecht II. von Halberstadt um die Vorherrschaft im Harzgau kämpfte, schlugen sich die Quedlinburger auf die Seite des Bischofs, dem man übrigens nachsagte, daß er mehr Zeit im Sattel, als vor dem Altar verbrachte. Sie hofften, auf diese Weise die lästige Vormundschaft durch das Stift abschütteln zu können. Als nun Graf Albrecht mit Waffengewalt die angestammten Verhältnisse wiederherstellen und die aufmüpfigen Quedlinburger mores lehren wollte, zog er letztendlich doch den kürzeren. In einem kühnen Vorstoß überraschten sie den Grafen, der auf seiner Flucht in einen Sumpf geriet, nahmen ihn gefangen und steckten ihn in einen Holzkasten auf dem Dachboden des Rathauses.

Dieser sogenannte Raubgrafenkasten blieb über die Jahrhunderte erhalten und ist heute im Schloßmuseum zu sehen. Durch ein wahrscheinlich hohes Lösegeld kam der Graf allerdings wieder in Freiheit, während die Quedlinburger mit diesem Geld die schwächste Seite ihrer Stadtbefestigung, die Westseite, durch sieben Türme verstärken konnten. Der nicht gerade schmeichelhafte Name Raubgraf hat sich durch den gleichnamigen Roman des Heimatdichters Julius Wolff aus der Zeit der Jahrhundertwende offensichtlich unauslöschlich mit dem Regensteiner Grafen verbunden.

1477 wurden dann die „Höhenflüge“ der Quedlinburger, die sich schon als reichsunmittelbare Stadt betrachteten (die nur dem Kaiser unterstellt war), jäh gebremst. Mit Hilfe ihrer Brüder Ernst und Albrecht von Sachsen

Gedenktafel für Dichter Julius Wolff

unterwarf die seit 1458 amtierende Äbtissin Hedwig die Stadt wieder unter die Stiftshoheit. Ohne die Zustimmung der Äbtissin und ihrer Brüder lief politisch in Quedlinburg fortan nichts mehr. Als äußeres Zeichen der Rechtlosigkeit ließ Hedwig den Roland, der restauriert heute vor dem Rathaus steht, umstürzen und zerschlagen.

Zählungen der Bevölkerung sind im Mittelalter und auch später nicht üblich gewesen. Und so kann man die Einwohnerzahl nur schätzen. Aus den Haushaltsbüchern des Rates geht für das Jahr 1477 hervor, daß es ungefähr 900 steuerpflichtige Häuser in der Stadt gab, woraus sich eine Einwohnerzahl von rund 5000 Bürgern ergibt. Diese lebten nicht alle vom Handel, sondern in nicht geringem Maße auch von der Landwirtschaft, waren die Quedlinburger doch früher auch sogenannte Ackerbürger. Ihren Wohlstand verdankten sie ihrem praktischen Geschäftssinn, die Schafzucht mit der Wollherstellung, den Getreideanbau mit der Brauerei und die

Branntweinbrennerei mit der Mastviehhaltung zu verbinden. Daher war die Stadt während des Dreißigjährigen Krieges wohl auch ein bevorzugter Ort für Einquartierungen und Plünderungen der Kriegsparteien. Trotzdem überwanden die Bürger relativ schnell die Folgen dieser Drangsale des Krieges, wie die vielen Neubauten in der zweiten Hälfte des 17. Jahrhunderts bezeugen.

Das Jahr 1698 begann für die Quedlinburger nicht gerade erfreulich. August der Starke, wie so oft wieder einmal in Geldnot, hatte seine Schutzherrschaft (Vogtei) über das Quedlinburger Land für 240 000 Taler ein Jahr zuvor an Friedrich III. von Brandenburg verkauft. Und so besetzten am Morgen des 30. Januar 1698 unter dem Kommando des Fürsten Leopold von Anhalt-Dessau, brandenburgische Truppen in kühnem Handstreich die Stadt. Sie übertölpelten die Torwachen am Oeringer Tor, zogen zum Marktplatz und forderten die Stadtschlüssel. Die Quedlinburger fügten sich in das Unvermeidliche.

Mit den Brandenburgern kamen auch gleich einige Neuerungen in die Stadt, wie die Akzise (Verbrauchssteuer), die Einquartierung und die Rekrutierung. Buchstäblich über Nacht fanden sich die Quedlinburger unter neuer Oberhoheit und zugleich innerhalb neuer handelspolitischer Grenzen wieder. Nach diesem Schock und einem damit verbundenen wirtschaftlichen Rückgang, der manch alteingesessene Kaufmannsfamilie in Konkurs brachte, erholte sich jedoch der Handel langsam wieder, und es entwickelten sich neue Erwerbszweige. Mitte des 18. Jahrhunderts bestanden bereits vierzig kleinere sowie vier große Gärtnereien und Samenzuchtbetriebe, die Quedlinburgs Ruf als führende und größte Sämereihandelsstadt Deutschlands begründeten.

1802, nach dem Frieden von Luneville, durfte sich der Preußenkönig für verlorenes Terrain links des Rheins anderweitig schadlos halten. Und so vollzog er de jure, was schon seit 1698 Fakt war: die Besitzergreifung über das Stift Quedlinburg. Die letzte Äbtissin Sophia Albertina reiste in ihre schwedische Heimat zurück, wo sie bis zu ihrem Lebensende die bisherigen abteilichen Einkünfte erhielt. Wenige Jahre später, nach dem Frieden von Tilsit 1807, fanden sich die Quedlinburger im Königreich Westfalen wieder und wurden bis 1813 von Kassel aus regiert. Auf dem Wiener Kongreß 1815 sprach man Quedlinburg dann endgültig dem Königreich Preußen zu. Die Zeitläufte wurden nun für die Stadt ruhiger und die über achthundertjährige eigenständige Geschichte fand damit ein Ende.

Den wirtschaftlichen Wohlstand im 19. Jahrhundert verdankte die Stadt vor allem den vielen Blumen- und Saatzuchtbetrieben, die ihre Sämereien in alle Welt lieferten, darunter bis nach Rußland und Nordamerika. Dabei wandelte sich langsam der Charakter Quedlinburgs: Von den sechsundsiebzig Landwirten im Adreßbuch von 1852 waren 1919 nur noch sechsunddreißig übriggeblieben. Hingegen arbeiteten 1920 etwa 1700 Leute für die Firma Dippe, einen der größten Saatzuchtbetriebe.

Mit der Eröffnung der Eisenbahnlinien Magdeburg - Thale 1862 und Quedlinburg - Gernrode 1885 begann auch für Quedlinburg das Industriezeitalter. Metallwaren- und Farbenfabriken siedelten sich an. Ab den fünfziger Jahren des 19. Jahrhunderts entstanden zahlreiche Neubauten, die das städtische Leben verbesserten, wie beispielsweise die Gasanstalt (1863), das Wasserwerk am Brühl (1881), das Elektrizitätswerk (1902) und die Kanalisation (1907). Auch die Straßen wurden in einen passierbaren Zustand versetzt. Bis zum Jahre 1824 gab es im Kreis Aschersleben, zu dem das Stiftsgebiet damals gehörte, keine einzige befestigte Wegstrecke. Was in alten Urkunden oder Berichten immer so prächtig als Straße bezeichnet wird, war nichts anderes als ein besserer Feldweg. 1843 begannen beispielsweise die Arbeiten für den Bau einer Kunststraße, wie es damals hieß, von Quedlinburg nach Halberstadt.

Die beiden Weltkriege überstand Quedlinburg ohne großen materiellen Schaden. 1945 besetzten zunächst amerikanische Truppen die Stadt, bis sie am 1. Juli von der Roten Armee abgelöst wurden. Damit gehörte Quedlinburg für vierzig Jahre zum sozialistischen Lager. Verheißungsvolle Losungen vom siegreichen Aufbau des Sozialismus zierten so manche Fassade, jedoch bewahrten sie einen großen Teil der Fachwerkbauten genausowenig vor dem Verfall, wie die zahlreich angebrachten Denkmalschilder. Ab 1960 wurde die Stadt im sozialistischen Plattenbaustil erweitert, allerdings auf Kosten der wertvollen historischen Bausubstanz im Stadtkern. Großflächig brach man die vernachlässigten und nicht mehr zu haltenden Häuser ab und ersetzte sie zum Teil durch die sogenannte HMB(Q), die Hallesche Monolithbauweise Typ Quedlinburg. In der Schmalen Straße sind derartige Bauwerke zu sehen. Leider sind seit 1990 weitere Fachwerkbauten dem Verfall preisgegeben, die wegen ungeklärter Eigentumsverhältnisse oder laufender Erbstreitigkeitsprozesse weder bewohnt noch saniert werden.

Als eines der größten Flächendenkmale steht Quedlinburg seit Dezember 1994 auf der Liste des Weltkultur- und Naturerbes der UNESCO. Diese Aufnahme beruht auf dem kunsthistorischen Wert der Stadt als einmaliges städtebauliches Denkmal, mit dem Schloßberg, der Stiftskirche sowie den über 1 200 Fachwerkbauten aus sechs Jahrhunderten. Quedlinburg bewahrt den Grundriß einer mittelalterlichen Stadt mit ihrem ursprünglichen Straßenverlauf.

Zu den unterschiedlichsten Zeiten war Quedlinburg aber auch immer wieder Heimat von Menschen, die für die deutsche Kultur- und Wissenschaftsgeschichte bedeutend waren. So wurde der deutsche Dichter der Vorklassik Friedrich Gottlieb Klopstock 1724 am Schloßberg 12 geboren. Auch der „Vater der Leibesübungen" Johann Christoph GutsMuths war ein echter Quedlinburger. Sein berühmtester Schüler hieß Carl Ritter, 1799 in Quedlinburg geboren. Dieser wurde später Professor an der Berliner Universität und Begründer der wissenschaftlichen Erdkunde. Und selbst in Sachen Frauenemanzipation kann Quedlinburg eine gewisse Wegbereiterrolle für sich in Anspruch nehmen. 1715 wurde im Haus Steinweg 51 Dorothea Christiane Leporin, später verheiratete Erxleben, geboren. Als erste Frau in Deutschland brach sie ein Männermonopol und promovierte nach ausdauernden Kämpfen 1754 an der halleschen Universität zur Ärztin.

GutsMuths-Denkmal mit dem jungen Carl Ritter

Schloß und Stiftskirche vom Münzenberg aus

Der Burgberg

Finkenherd am Schloßaufstieg von vorn (links) und von hinten

Schon von weitem beherrscht die Silhouette des Quedlinburger Burgbergs das Panorama des von einem sanften Höhenrücken durchzogenen Harzvorlandes. Stämmig und giebelgekrönt erhebt sich mit festen Mauern die alte Stiftsburg auf einem Sandsteinfelsen. Der ungleichmäßige Umriß wird von der hochromanischen Stiftskirche dominiert. Deren kantige Türme überragen die klar gegliederte Basilika. Malerisch schmiegen sich kleine Fachwerkhäuser an den Berg.

Bereits seit der Bronzezeit, wahrscheinlich sogar noch früher, war diese Erhebung besiedelt. Davon zeugt auch der südwestlich der Burg gelegene frühgeschichtliche Wirtschaftshof, der spätere „curtis Quitilinga". Der Burgberg war gleichsam Kristallisationskern der späteren Ansiedlung, auf den alle Siedlungsteile seit dem 10. Jahrhundert sinnvoll bezogen waren. Von hier wurden nicht nur die Stadt und die weiten Stiftsländereien, sondern zeitweise das gesamte deutsche Reich regiert. Nachdem etwa um 900 das Geschlecht der Liudolfinger in den Besitz von Quitilingaburg kam, begann mit Heinrich I. (919 - 936) Quedlinburgs große Zeit. Der als „Burgenbauer" in die Geschichte eingegangene König ließ die bereits vorhandenen Befestigungen grundlegend umbauen und die Wehranlagen verstärken. Aus behauenen Steinquadern entstanden eine Ringmauer und erste steinerne Wohngebäude. Bald wurde Quitilingaburg zu seinem Lieblingsort, wo er dann auch, seinem Wunsche gemäß, im Juli 936 seine letzte Ruhestätte fand. Es wird berichtet, der tote König sei von Memleben nach Quedlinburg gebracht und in der Kirche auf dem Schloßberg vor dem Altar – „...in basilica Sancti Petri ante altare..." – mit großer Ehrfurcht und Anteilnahme beigesetzt worden. Zweiunddreißig Jahre später wurde dort gleichfalls Mathilde, seine „ehrwürdige Gattin, die Genossin seiner Herrschaft", bestattet.

Schon bald nach dem Tode Heinrichs gründete sein Sohn Otto I. in der Burg ein adliges Frauenstift. Von einem Kloster unterschied sich das Reichsstift vor allem dadurch, daß keine der Stiftsjungfrauen in Armut leben mußte; ihr Vermögen blieb in ihrem Besitz und auch die Heirat war ihnen nicht verwehrt. Zum Stift gehörte eine Mädchenschule für die Jüngsten der hochgeborenen Töchter. Die Äbtissin befand sich im Stande einer Reichsfürstin, sie unterstand nur dem König und dem Papst. Von beträchtlicher Größe war der Stiftsbesitz; fünfzehn Dörfer gehörten dazu, und die Ländereien reichten so weit, daß ein Vogt die Verwaltung übernehmen mußte.

Schloßberg 9

Seine Blütezeit erlebte das Quedlinburger Stift zwischen dem 10. und dem Beginn des 13. Jahrhunderts, wo es zeitweise bis zu vierzig Damen zählte. Im Verlaufe des 13. Jahrhunderts verblaßte jedoch der Glanz mehr und mehr. Nur noch wenige Stiftsdamen erlebten mit, wie das Königreich Preußen 1802 die Herrschaft über ihren Besitz nahm, sie jeglicher Selbständigkeit beraubte. Als dann 1807 bis 1813 gar der König von Westfalen hier herrschte, verkaufte er zuerst die Stiftsgärten, danach alles, was man aus Stift und Schloß sonst noch verkaufen konnte, und zum Schluß ließ er sogar den Domschatz nach Kassel bringen.

Stiftskirche St. Servatii

Bei umfassenden Grabungen auf dem Schloßberg wurden in den dreißiger Jahren unseres Jahrhunderts Pfostenlöcher einer spätkarolingischen Holzhalle und Grundmauern einer um 850 errichteten Kirche gefunden, gewissermaßen die Keimzelle der heutigen Kirche. Es handelt sich dabei um eine kleine Pfeilerbasilika, die dem heiligen Petrus geweiht war und in deren Erweiterungsbau Heinrich I. beigesetzt wurde. Doch dieser Bau erwies sich bald als nicht ausreichend für die Festgottesdienste der deutschen Kaiser am Grab ihres Ahnherrn. Die Grabungen haben wesentlich dazu beigetragen, die komplizierte Baugeschichte aufzuhellen. Demnach haben sich vier aufeinanderfolgende Kirchen auf derselben Stelle ineinandergeschachtelt und übereinandergetürmt.

Zahlreiche Reichstage der Ottonen sind ebenfalls hier bezeugt, wobei der glanzvollste unter Otto I. am 23. März 973 stattfand, wie vom Chronisten Thietmar von Merseburg versichert wird. Gleichermaßen wurde ein intensiver Reliquienkult betrieben, um das Ansehen des Stifts, auch als Familienheiligtum, zu stärken. In den Jahren 961 bis 964 wurden ganze „Körper von Heiligen“ übergeführt, wie der des heiligen Servatius, und mit großer Prachtentfaltung aufgestellt. Daher beschloß die Äbtissin Mathilde eine grundlegende Erweiterung der Kirche, die aber erst 1021 in Anwesenheit Kaiser Heinrichs II. feierlich eingeweiht wurde.

Der repräsentativen Funktion dieses Ortes entsprechend, wählte man für den Neubau den Typ der Basilika; eine Bauform der Antike, die sich im frühen Mittelalter in Deutschland

Die Stiftskirche St. Servatii von Südosten

großer Beliebtheit erfreute. Dieser Neubau war ein Ereignis ersten Ranges, und Zeitgenossen priesen ihn als die „heilige Hauptkirche des Reiches“. Er entstand in zwei Etappen. Zunächst führte man westlich der alten Basilika das Langhaus auf. Der in das Langhaus vorgezogene Mittelbau hatte eine Vorhalle und darüber die sogenannte Nonnenempore. Im Jahre 997 erfolgte die Weihe dieses ersten Bauabschnittes.

Nun konnte der zweite Kirchenbau abgebrochen und der Ostteil der kleinen Kirche, in dem die Gräber Heinrichs I. und seiner Gemahlin lagen, zu einer Krypta umgebaut werden. Die Pfeiler sind noch im untersten Teil erhalten. Über der Krypta legte man einen Hochchor an, zu dem vom nördlichen Seitenschiff eine Treppe führte. Den westlichen Teil der alten Heinrichskirche gestaltete man zum Mittelpunkt des Kirchenneubaus um, an den sich die seitlichen Kreuzarme anschlossen (Vierung). Hauptpatrone der Kirche wurden anstelle des heiligen Petrus jetzt Dionysius und Servatius, dessen Gebeine sich ja seit 961 hier befanden. Servatius wurde auch Namenspatron für die Stiftskirche, die im Volksmund Dom genannt wird.

Aber nur fünfzig Jahre später, im Jahre 1070, vernichtete eine Feuersbrunst die mächtige ottonische Basilika und die umstehenden Stiftsgebäude. Angesichts der ideologischen Bedeutung der Burg für die Reichspolitik der deutschen Kaiser wurde sogleich mit den Aufräumungsarbeiten und einem Neubau auf den alten Grundmauern begonnen. Allerdings verzögerten politische und kriegerische Wirren im Reich die Weihe. Das sehr einheitlich wirkende Bauwerk dürfte wohl in einem Zug hochgeführt worden sein, wie die Bauuntersuchungen in den dreißiger Jahren des 20. Jahrhunderts ergaben. Zum Pfingstfest 1129 war es dann soweit: Mit großem Gepränge wurde in Anwesenheit Kaiser Lothars III. die Weihe der Kirche vollzogen. Der nunmehr vierte Bau an dieser Stelle ist mit einigen Umbauten

Die Confessio in der Krypta

bis heute erhalten geblieben. Die markanteste Veränderung späterer Zeit erfuhr um 1320 im gotischen Stil der Chor. Das Obergeschoß wurde vollständig mit schmalen, spitzbogigen Fenstern und Strebpfeilern „modernisiert“. Zugleich erhielt die Krypta einen nördlichen Zugang, der kunsthistorisch recht bemerkenswert ist. Das reichprofilierte gotische Gewändeportal mit seinen schlanken Säulen und den Laubkapitellen wird von einer naturalistischen Blattleiste gerahmt, die oben in einer Kreuzblume endet. Über dem Portal sind zwei Maßwerkfelder eingelassen, flankiert von zwei Fialen (türmchenartigen Aufsätzen). Dies ist eine reife Lösung der deutschen Gotik, die vom selben Steinmetz stammen dürfte, wie die Brauttür der Martinikirche in Braunschweig.

Auf der gleichen Seite in der Nordwand, von den Besuchern meist wenig beachtet, befindet sich das Hauptportal. Es gilt als das älteste Säulenportal Deutschlands. Der

Langhaus nach Westen mit Nonnenempore

mächtige, romanische Rundbogen wird von je einer Säule flankiert. Die eingestellten Halbsäulen tragen, wohl als Herrschaftssymbole, prachtvolle Adlerkapitelle.

Die Quedlinburger Stiftskirche ist eine dreischiffige, flachgedeckte romanische Basilika, deren Querhaus und Chor hoch über einer ebenerdigen Krypta liegen. Das Mittelschiff selbst wird von drei Quadraten gebildet, deren Ecken jeweils Pfeiler betonen. Dazwischen stehen je zwei Säulen mit Adlerkapitellen, wodurch ein rhythmischer Wechsel zwischen ihnen und den monolithischen Säulen entsteht. Dieser Stützenwechsel belebt den Hauptraum und erzeugt Spannungen zwischen den Arkadenöffnungen und der Fensterzone. Ein System flächiger Schmuckfriese gliedert die Wände in horizontale Zonen. Überwältigend und von zeitloser Größe erscheint daher das Innere in seiner klaren räumlichen Abstufung. An das Mittelschiff des Langhauses schließt die Vierung an. Ein weiteres Quadrat bildet den Chor. Im Verhältnis zum Mittelschiff des Langhauses haben die Seitenschiffe die halbe Breite. Der Westbau, durch den man heute das Langhaus betritt, enthält zwischen den Türmen eine zweijochige, nach dem Mittelschiff offene Halle. Darüber befindet sich die Nonnenempore. Von der farbigen Ausgestaltung des Inneren sind heute, abgesehen von den romanischen Deckenmalereien der Krypta, kaum noch Spuren vorhanden.

Fast alle Kapitelle sind, gleich den Friesbändern sowie den Bogen- und Fensterumrahmungen der Oberkirche, in einem streng dekorativen Stil gearbeitet. Die enge Verwandtschaft dieses hochentwickelten Stils

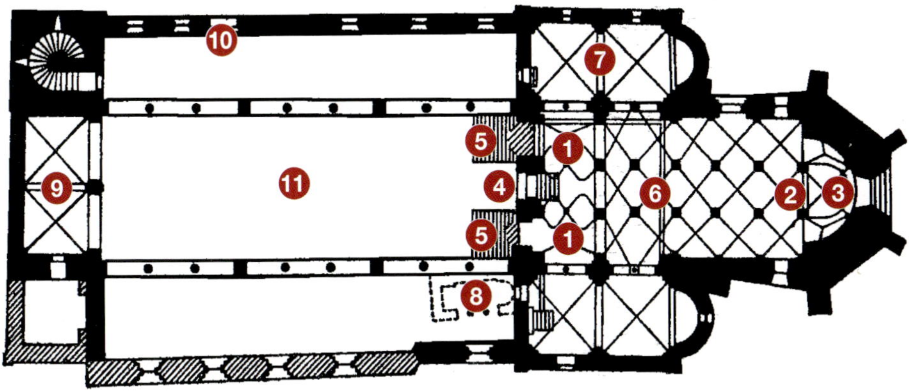

1 **westliche Joche der Krypta vom 1021 geweihten Kirchenbau**
2 **Königsgräber Heinrich I. und Gemahlin Mathilde (Krypta)**
3 **Confessio der Damenstiftskirche (Krypta)**
4 **Zugang zur Krypta**
5 **Zugang zu Hohem Chor und Querhaus**
6 **Hoher Chor mit Hauptaltar**
7 **nördl. Querhausarm mit Schatzkammer**
8 **unterird. Kapelle St. Nicolai in vinculis**
9 **westlicher Vorraum mit ehemaliger Äbtissinnenloge**
10 **Säulenportal (vermutlich ältestes Deutschlands)**
11 **dreischiffiges Langhaus mit Stützenwechsel (Kapitelle mit Adlermotiv)**

mit der entsprechenden Ornamentik oberitalienischer Bauten läßt lombardische Einflüsse vermuten. Es ist anzunehmen, daß wandernde Steinmetze aus Como, wie urkundlich bezeugt, den Sommer über in Deutschland arbeiteten und Anregungen für die Bauornamentik gaben. Die gleichen Motive, aber einen durchaus anderen Stil, zeigen die Kapitelle der Krypta. Neben Pilz und glatten Würfeln stehen Würfelkapitelle mit Flechtwerk, Ranken, Tieren und Mönchen; weiter das Adlerkapitell, das korinthische Kapitell und schließlich auch freie Abwandlungen des ionischen Typs. Nicht ein Stück gleicht dem anderen.

Geheimnisvolles Dunkel empfängt den Besucher, wenn er die Krypta betritt. Weiträumig schiebt sich diese Unterkirche bis unter das Querhaus vor. Der Hauptraum der Krypta ist eine dreischiffige Halle, die in einer Apsis endet. Gewölbemalereien mit Figurenzyklen aus dem alten Testament schmücken den düsteren Raum. In meisterhafter Zeichnung sind die heiligen Gestalten dargestellt. Die 1906/1907 wiederentdeckten Darstellungen sind hauptsächlich der Geschichte der Susanna, nach dem Buch Daniel, entlehnt. Das kultische Zentrum der Krypta bilden die Königsgräber in der Apsis und die halbrunde Confessio, eine Andachtsgruft mit radial angeordneten Rundnischen. Sie diente wahrscheinlich der Königinwitwe Mathilde und den anderen Familienmitgliedern dazu, im Gebet dem verstorbenen König Heinrich I. nahe zu sein. Doch vermutlich ist die Confessio beim Neubau 1021 oder beim großen Brand 1070 zugeschüttet worden; erst 1869 wurde sie bei Restaurierungsarbeiten wiederentdeckt.

Vor der Confessio liegt im Boden unter zwei Gittern die Gruft, in der König Heinrich beigesetzt wurde. Vom Sarg König Heinrichs ist allerdings nichts mehr vorhanden. Angeblich soll man 1756 noch ein Stückchen Bohle davon gefunden haben. Der tiefe Schacht, der heute die Stelle des königlichen Grabes einnimmt, wurde nach dem Tode der Äbtis-

Die romanische Krypta

sin Mathilde im Jahre 999 angelegt. Er war ursprünglich mit einem Altar überbaut und diente als Reliquienbehälter. Rechts neben dem Heinrichgrab befindet sich der Sarg der Königin Mathilde und davor, unter einer Steinplatte, der Bleisarg der Enkelin, der Äbtissin Mathilde. Der schlichte Steinsarg der Königin ist aus zwei Muschelkalkblöcken gehauen. Seinen walzenförmigen Deckel ziert nur ein einfaches erhabenes Kreuz. Die lateinische Inschrift, die die ganze Fläche einnimmt, lautet übersetzt:

AN DEN ZWEITEN IDEN DES MÄRZ (14. März 968) STARB DIE KÖNIGIN MATHILDE, DIE AUCH HIER RUHT, DEREN SEELE DIE EWIGE RUHE ERHALTEN MÖGE.

Vom südlichen Seitenschiff der Krypta aus führt eine Treppe zu einem unterirdischen kleinen Kapellenraum, St. Nicolai in vinculis. Da der älteste Burgaufgang an der Südseite lag, handelt es sich wahrscheinlich um eine Tor- oder Wegekapelle. Ursprünglich freistehend, wurde sie erst bei der Errichtung des ersten Langhauses um 1000 überbaut. Noch weiter abwärts geht es zu einem in den Sandstein gehauenen Doppelraum unter dem südlichen Seitenschiff. Aurora von Königsmarck, die wohl berühmteste Insassin des Stifts, hat ihn als Fürstengruft anlegen lassen. Als sie 1728 als Pröpstin des Stifts starb, wurde sie hier beigesetzt. Ihr Leichnam wurde durch die salpeterhaltige Luft des Sandsteingewölbes konserviert und somit über die Jahrhunderte vor der Zerstörung bewahrt.

War das Langhaus der festliche Raum für die demonstrative Prachtentfaltung kaiserlicher Macht, so barg die Krypta das Heiligtum der königlichen Familie und damit des

Buntes Fachwerk zu Füßen des Schlosses

jungen deutschen Staates. All dies bewahrte den sakralen Bau jedoch nicht vor späterem Mißbrauch. Genau tausend Jahre nach Heinrichs Tod versammelten sich am 2. Juli 1936 auf dem Schloßberg zu Quedlinburg äußerst unangenehme Zeitgenossen, an ihrer Spitze der Reichsführer SS Heinrich Himmler. Sehr unchristlich und mit großem propagandistischen Aufwand entweihten sie die altehrwürdige Stiftskirche und erklärten sie zur „Weihestätte" der SS. Bei den Ausgrabungsarbeiten 1937 fand man auf dem Schloßberg Knochenreste. Sofort „identifizierte" man sie als die Gebeine Heinrichs I. und hatte so den willkommenen Anlaß gefunden, ihn noch einmal durch die SS beisetzen zu lassen. Die Nazis vereinnahmten Heinrich I. kurzerhand als ihren Ahnherrn. Von 1936 bis 1939 wurde die Kirche renoviert. Dabei vermauerte man den gotischen Chor „romanisch" und entfernte Kanzel sowie Gestühl. Am 6. Februar 1938 mußte der damalige Superintendent die Kirchenschlüssel der SS übergeben.

Nach diesen schwärzesten Jahren Deutschlands fand am 3. Juli 1945 zum ersten Mal wieder ein Gottesdienst in der Stiftskirche statt. Die Schäden an den Türmen und an der Dachkonstruktion durch amerikanischen Artilleriebeschuß waren der Anlaß für eine erneute Gesamtinstandsetzung. Im Zuge dessen ersetzte man an den Türmen die stilwidrigen rheinischen Helme aus dem 19. Jahrhundert durch die heutigen romanischen. 1959 waren diese Arbeiten im wesentlichen abgeschlossen, auch der Kirchenschatz wurde restauriert und neu aufgestellt.

Der Stiftsschatz

Der Zitter, ein gemauerter Tresor aus spätromanischer Zeit im nördlichen Querhaus, ist ein kreuzgewölbter Raum, der von vier Säulen getragen wird. Er birgt den Rest des ursprünglich reichen Kirchenschatzes, den Kaiser und Könige, Fürsten und auch die Äbtissinnen im Laufe der Jahrhunderte hier zusammentrugen. Die Herkunft des Wortes Zitter ist unklar, vielleicht vom sanctuarium centrum oder von exedra.

Vieles von dem einst reichen Schatz, in einem Inventar des 11. Jahrhunderts waren bereits sechsundneunzig Stücke genannt, ist über die Jahrhunderte verschwunden. Der allmähliche Verfall des Stifts am Ende des Mittelalters und die wachsende Geldnot der Abtei im 14. und 15. Jahrhundert führten zum Verkauf so manch wertvollen Stücks. Die Äbtissin Anna Sophie I. beispielsweise bereitete 1668 den gesamten Verkauf des Kirchenschatzes vor, um die wirtschaftliche Not des Stiftes zu lindern. Zum Glück kam der Verkauf nicht zustande.

Als Quedlinburg 1807 zum Königreich Westfalen gehörte, wurden die Kleinodien, insgesamt fünfzig Nummern, dem „Orden der Krone" überwiesen und 1812 in das Kasseler Museum überführt. Doch schon Ende 1813 kamen sie mitsamt dem ebenfalls geraubten Halberstädter Domschatz vorerst nach Halberstadt zurück. Außer einigen weniger wichtigen Gegenständen fehlten vier vergoldete silberne Becher und vier große silberne Armleuchter, die Jérôme, König von Westfalen, einschmelzen ließ. Erst 1820, nach eifrigem Bemühen des Superintendenten Dr. Fritsch, konnte der Schatz wieder in der Stiftskirche zu Quedlinburg bewundert werden.

Während des Zweiten Weltkrieges wegen möglicher Bombenangriffe in sechzehn Kisten sicher verpackt, lagerte der Stiftsschatz – heute zumeist Domschatz genannt – zusammen mit anderen Quedlinburger Kunstschätzen in den geräumigen Höhlen der Altenburg. Die Amerikaner entdeckten kurz nach ihrem Einmarsch im April 1945 die Höhle mit ihrem kostbaren Inhalt. Den jungen Oberleutnant Meador und seine Einheit betraute man mit dem Schutz der Kunstschätze. Damit hatte man offenbar den Bock zum Gärtner gemacht, denn Oberleutnant Meador entwendete aus einigen Kisten zielgerichtet die wertvollsten Stücke und verbrachte sie auf bis heute unerklärliche Weise in seine Heimat nach Texas. Erst nachdem die Amerikaner abgerückt waren, überprüfte man die Kisteninhalte mit den Inventarlisten. Das Entsetzen war groß, als man feststellen mußte, daß vierzehn der kostbarsten Stücke, darunter das einmalige Samuhel-Evangeliar aus dem 9. Jahrhundert, das Reliquiar Heinrichs I. und der elfenbeinerne Haarkamm Heinrichs I., fehlten.

Über vierzig Jahre galten sie als verschollen. Erst als die Erben Meadors das Samuhel-Evangeliar verkaufen wollten, konnte nach langjährigen Ermittlungen der Kunstraub aufgedeckt werden. Nach amerikanischem Recht war die Sache allerdings schon verjährt, weshalb es mit der Familie Meador zu dem Vergleich kam, in dessen Folge dann zehn der gestohlenen Stücke von Deutschland zurückgekauft wurden. Interessant ist auch, daß die US-Armee bereits 1945 über den Fall des geplünderten Domschatzes Bescheid wußte und sich gar in einem Bericht im Jahre 1947 selbst der Tat bezichtigte. Allerdings sind diese Akten erst seit kurzem der Öffentlichkeit zugänglich.

Seit Herbst 1993 ist der Quedlinburger Domschatz, nachdem er im Berliner Kunstgewerbemuseum gründlich restauriert wurde, mit fast allen seinen Teilen vereint wieder am angestammten Ort, dem Zitter der Quedlinburger Stiftskirche, zu besichtigen. Zu den herausragenden Einzelstücken des

Reliquienkasten Heinrichs I.

Stiftsschatzes gehören der Kanaa-Krug (Ägypten/1. Jh. nach Christi), diverse Reliquienbehälter aus Bergkristall, darunter der leicht beschädigte Flakon mit stilisierten Vögeln (Ägypten/10. Jh.), der Reliquienkasten Ottos I. (um 870), der sogenannte Heinrichskamm (7. oder 8. Jh.) aus Elfenbein mit später ergänzter Goldmontierung, der Reliquienkasten Heinrichs I. (10./11. Jh.) mit Elfenbeinreliefs (Christusszenen) und Walroßzahnreliefs (sitzende Apostel), ein mit Goldblech beschlagener Äbtissinnenstab (10. Jh.) und das Samuhel-Evangeliar, eine karolingische Pergamenthandschrift mit prachtvollem Buchdeckel.

Im Obergeschoß über dem heutigen Eingangsbereich befindet sich der Teppichsaal. Er ist eigens für die fünf noch erhaltenen Bruchstücke eines romanischen Knüpfteppichs hergerichtet worden. Sie gehörten einmal zu einem 7,50 mal 6,00 Meter großen und für den Hohen Chor bestimmten Bildteppich. Gestiftet hatte ihn die Äbtissin Agnes II. von Meißen (1184 - 1203). Die Motive zu den Bildern sind den ersten beiden Büchern des Satiricon „De nuptiis Philologiae et Mercurii" (Die Vermählung der Philologie mit Merkur) von Marcianus Capella (um 470) entlehnt. Dieses Traktat erfreute sich im Mittelalter allgemeiner Beliebtheit und wurde als ein Lehrbuch ersten Ranges angesehen.

Der um 1200 entstandene Quedlinburger Teppich zählt zu den wohl bedeutendsten textilen Kunstwerken romanischer Zeit. Er ist der älteste erhaltene Knüpfteppich des Abendlandes und zeugt von hohem künstlerischen Können und technischer Perfektion. Daß überhaupt noch Teile dieses Teppichs erhalten sind, grenzt beinahe an ein Wunder, da er in späterer Zeit einfach in Stücke geschnitten wurde. 1832 fand man die als Fußmatten genutzten Teile in der Stiftskirche.

Schloß und Schloßmuseum

Die Wohngebäude der Burg, also das Schloß, wurden im Laufe der Jahrhunderte häufig umgebaut. Von der mittelalterlichen Burg zur Blütezeit des Stifts blieb in seiner ursprünglichen Ausdehnung nur der innere Bereich erhalten. Die ersten steinernen Wohngebäude entstanden wahrscheinlich bereits im 10. Jahrhundert. Nach dem Testament Kaiser Ottos IV. (um 1177 - 1218) wurde die Burganlage abgetragen und ihr Besitz dem Stift überwiesen. Dabei handelte es sich um die alte Burg Heinrichs auf der äußersten Ostecke des Felsens. Später nahm diese Stelle die Propstei ein. Allerdings brannten deren Gebäude am 20. Juli 1846 ab. Im 15. und 16. Jahrhundert baute man die Burg zu einem Renaissanceschloß um. Nach der Auflösung des Stifts 1803 fiel das Schloß an den preußischen Staat, der die Räume als Verwaltungssitz nutzte.

In der kurzen Zeit, als Quedlinburg unter der Herrschaft des jüngeren Napoleonbruders Jérôme stand, verlor das Schloß sein gesamtes Inventar. Ständig in Geldnot ließ Jérôme noch kurz vor dem Ende seiner Herrschaft 1813 in einer großen Auktion alles versteigern. Von den Möbeln und Kunstgegenständen, die Quedlinburger Familien erworben hatten, kehrten einige im Laufe der Zeit als Leihgaben oder Schenkungen ins Schloßmuseum zurück.

Im Jahre 1928 erwarb die Stadt Qued-

Raubgrafenkasten im Schloßmuseum

Ostseite des Schloßbergs

linburg das Schloß und richtete am 8. Mai 1929 im Nordflügel das Schloßmuseum ein. Es präsentiert eine vielschichtige Sammlung der Regionalgeschichte, angefangen von der Vor- und Frühgeschichte, der Stiftsgeschichte bis hin zur Stadtgeschichte.

Eine Attraktion stellt der sogenannte Raubgrafenkasten dar, ein besonderes Schaustück mittelalterlicher Justiz. Bis 1955 stand dieser Kasten – sozusagen eine separate Gefängniszelle – auf dem Dachboden des Rathauses. Während des Mittelalters gab es ähnliche Kästen in vielen deutschen Städten. Inzwischen jedoch ist der Quedlinburger der einzige, der die Zeiten überdauert hat. Die dicken Fichtenbohlen sind recht flott zu einem 2,75 x 2,35 x 2,00 Meter großen Kasten zusammengeschlagen. Daß der Regensteiner Graf Albrecht II. hier jemals eingepfercht war, dürfte mehr der Sage zuzuordnen sein. Und trotzdem, da es so schaurig schön und herzergreifend ist, möcht' mans gerne glauben (Näheres dazu im Kapitel Geschichtliches). Außerdem können noch die Repräsentations- und Wohnräume sowie die Stiftsküche und die Bäckerei besichtigt werden.

Die Räume im oberen Stockwerk beeindrucken mit wunderschönen Stuckdecken, gemusterten Parkettfußböden und edlen Seidentapeten. Nicht alle Einrichtungsgegenstände sind original. Etappenweise werden die Räume nach historischen Vorlagen restauriert, und es wird noch geraume Zeit dauern, bis alle Schauräume wieder besichtigt werden können.

VINCENT

Klopstockhaus

Unterhalb der Burg steht auf einem kleinen Platz mit dem für Quedlinburg noch heute typischen Kopfsteinpflaster ein stattliches Patrizierhaus mit prächtigem Säulenportikus. Es wurde in der zweiten Hälfte des 16. Jahrhunderts für eine wohlhabende Bürgerfamilie errichtet. Mit seinen geschnitzten Saumschwellen und den Palmetten in den Brüstungsfeldern ist es ein schönes Beispiel für den niedersächsischen Fachwerkstil in Quedlinburg.

Aber interessant ist es für uns heute vor allem deshalb, weil hier am 2. Juli 1724 Friedrich Gottlieb Klopstock, als erstes von siebzehn Kindern, geboren wurde. Von 1702 bis 1817 gehörte das Haus der Familie Klopstock. Der Großvater des berühmten Dichters hatte das Haus erworben und seinem Sohn Gottlieb Heinrich vererbt. Nach dem Tod der Eltern (Gottlieb Heinrich 1756 und Anna Maria 1773) bewohnten die noch unverheirateten Schwestern das Haus. Bis 1809 diente es schließlich drei verwitweten Klopstockschwestern als Wohnsitz. Danach gelangte es in den Besitz des Hauptmanneisekretärs Johann Georg Karl Klopstock, der es schuldenhalber 1817 verkaufen mußte.

Nach mehrmals wechselnden Eigentümern erwarb 1897 der Quedlinburger Magistrat das Haus bei einer Zwangsversteigerung. Mit dem Erwerb des Hauses löste die Stadt ihr Versprechen ein, die Klopstockforschung im Sinne des 1896 aufgelösten Klopstockvereins fortzusetzen. Man ließ alle nachweislich späteren Einbauten entfernen und morsche Holzsäulen durch steinerne ersetzen. Der größte und schönste Raum des Hauses erhielt wieder seinen ursprünglichen grünen Wandanstrich und wurde mit der darin erstmals gezeigten Klopstocksammlung zur Keimzelle des Museums. Ein Museumsausschuß unter Leitung des bekannten Stadthistorikers Prof. Selmar Kleemann erarbeitete die Einrichtung des Gebäudes nach alten Plänen. 1899, anläßlich des 175. Geburtstages Klopstocks, konnte das Museum eröffnet werden.

Klopstocks 250. Geburtstag war in den siebziger Jahren des 20. Jahrhunderts Beweggrund, die Exposition umzubauen und zu erweitern. Der 275. Geburtstag des Dichters bot erneut Anlaß, das Haus umfassend zu sanieren und liebevoll zu restaurieren. Das Museum Klopstockhaus informiert seit 1999 auf wesentlich größerer Ausstellungsfläche über Leben und Werk des berühmten Sohnes der Stadt und über weitere Quedlinburger Persönlichkeiten. Erwähnt werden gleichfalls andernorts bestehende Klopstockvereine.

Nach einem Besuch des Klopstockhauses läßt sich eine Anekdote, die man sich in Quedlinburg über den noch jungen Klopstock erzählt, gut nachvollziehen: Bereits als Fünfjähriger soll er mit Vorliebe in Hexametern gesprochen haben. So manches Mal sei seine Mutter derart genervt gewesen, daß sie seine Verse mit einer Ohrfeige honoriert habe. Als sie wieder einmal den jungen Dichter so undankbar belohnte, hockte der sich schluchzend und über das Unrecht der Welt sinnierend in den Hausflur. Dabei machte er eine Beobachtung, die er mit noch tränenerstickter Stimme sogleich wieder hexametrisch kundtun mußte: „Mutter, da kollert die Katze den Käse die Treppe hinunter!“

Klopstocks Werke wurden von seinen Zeitgenossen mit Begeisterung und Hochachtung aufgenommen, und keiner der großen Klassiker konnte sich seinem Einfluß entziehen. Es gab regelrechte „Klopstock-Fan-Gemeinden“. Klopstocks Oden, aber besonders sein Epos „Der Messias“, erregten und er-

Memorialmuseum
Klopstockhaus auf dem Schloßberg

schütterten die Leser. Berühmte Komponisten, wie Karl Philipp Emanuel Bach und Christoph Willibald Gluck, vertonten viele seiner Dichtungen. Trotzdem fehlte ihm das große Publikum, was Gotthold Ephraim Lessing zu dem Epigramm veranlaßte: „Wer wird nicht einen Klopstock loben? Doch wird ihn jeder lesen? – Nein! Wir wollen weniger erhoben und fleißiger gelesen sein."

Friedrich Gottlieb Klopstock starb am 14. März 1803 in Hamburg, wo er auch zur letzten Ruhe gebettet wurde. Seine Vaterstadt errichtete ihm zu Ehren 1831 im Brühl ein Denkmal.

Lyonel-Feininger-Galerie

In unmittelbarer Nähe des Finkenherdes befindet sich seit 1986 die Lyonel-Feininger-Galerie. Sie beherbergt den umfangreichsten geschlossenen Bestand von Grafiken dieses bedeutenden Künstlers der „Klassischen Moderne" in Europa. Es sind Werke, die in den Jahren zwischen 1906 und 1937 entstanden sind, darunter das bedeutende „Selbstbildnis mit Tonpfeife" (1910) und das nicht minder berühmte „Vollersroda I" (1912). Die Geschichte dieser einzigartigen Sammlung und ihr Weg nach Quedlinburg können gleichsam als Sinnbild für die Wirren unseres Jahrhunderts gelten.

Der deutsch-amerikanische Maler und Grafiker Lyonel Feininger (1871-1956) debütierte nach seiner Ausbildung an der Kunstgewerbeschule Hamburg und der Akademie in Berlin zunächst als Illustrator und Karikaturist. Bekannt wurden vor allem seine Comic strips „The Kin-der-Kids" und „Wee Willie Winkie's World", die er für die „Chicago Sunday Tribune" entwarf. Ab 1913 stand er der Bewegung des „Blauen Reiters" nahe. Angeregt vom Kubismus, malte Feininger vor allem Straßen-, Architektur-, Schiffs- und Seebilder, die aus prismatisch gebrochenen, überblendeten Formen in transparenten Farben komponiert sind.

Von 1919 bis 1933 wirkte er als Lehrer am Bauhaus in Weimar und in Dessau. Nachdem seine Bilder von den Nationalsozialisten als entartete Kunst deklariert worden waren, kehrte er 1937 in die USA zurück. Sein Schüler, der Quedlinburger Hermann Klumpp, rettete fünfzig Ölbilder und einen reichen Fundus an Grafiken vor dem Zugriff der Nationalsozialisten und damit vor der sicheren Vernichtung. Fünfzig Jahre hütete Dr. Hermann Klumpp diesen Schatz in seiner Quedlinburger Wohnung. In der DDR blieb diese einzigartige Sammlung lange Zeit ein Geheimtip für Studenten und Kunstliebhaber. Erst als die amerikanischen Erben Feiningers Hermann Klumpp auf die Herausgabe der Bilder, die er unter Einsatz seines Lebens vor der Vernichtung bewahrt hatte, verklagten, nahm auch der Staat offiziell Kenntnis von diesem Kleinod. Die Erben und Hermann Klumpp einigten sich schließlich in einem Vergleich. Das Gros der Ölbilder ging in die USA und wurde dort versteigert, die Grafiken allerdings konnte Klumpp behalten.

Als die offizielle Kulturpolitik der DDR auch die „Klassische Moderne" als bewahrenswertes Erbe anerkannte, billigte man Klumpp ein angemessenes Ausstellungsgebäude zu. Er bestimmte eben jenes neoklassizistische Gebäude am Finkenherd, das einst einem Sämereibesitzer als Naturkundeschauraum gedient hatte, zum Schatzkästchen für seine Sammlung. Die Galerie wurde 1986 eröffnet und erfreute sich von Beginn an großen Zuspruchs. Das Interesse wuchs derart, daß die räumlichen Gegebenheiten bald nicht mehr ausreichten. Und so erfolgte am 12. September 1993 die Grundsteinlegung für die Erweiterung der Lyonel-Feininger-Galerie.

Die schwierige Aufgabe, mit den Mitteln moderner Architektur eine Verbindung zwi-

Modernes Ausstellungshaus: Die Lyonel-Feininger-Galerie

schen dem neoklassizistischen Stammhaus und den angrenzenden Fachwerkbauten zu schaffen, ist dem Northeimer Architekten Roman Graf in eleganter Weise gelungen. So spiegeln sich in der breiten Glasfront des Neubaus die umstehenden Fachwerkhäuser.

Der Feininger-Galerie stehen jetzt etwa eintausend Quadratmeter zur Verfügung, die sich museumstechnisch auf dem neuesten Stand befinden. Der am 31. August 1997 eröffnete Erweiterungsbau ist die erste Etappe für das von der Galeriedirektorin Ingrid Wernecke konzipierte „multifunktionale Kulturzentrum“. Mit dem Ausbau der angrenzenden Fachwerkgebäude sollen Atelier- und Verkaufsräume für Künstler der verschiedenen Kunstgenres und ein Künstlercafé entstehen – eine ideelle Brücke von der „Kunst der Moderne“ vom Anfang des Jahrhunderts zur Kunst am Ausgang des Jahrhunderts.

Marktplatz und Steinbrücke

Münzenberger-Plastik

Die Geschichte des Quedlinburger Marktplatzes reicht fast so weit zurück wie die des Ortes. König Otto III. verlieh seiner Tante, der Äbtissin Mathilde, am 23. November 994 das Recht, an der Quitilingaburg einen Markt einzurichten. Doch das war nicht etwa irgendein Provinzmarkt, schließlich bezeichnete Otto Quedlinburg als die „Metropole des Reiches". Und so verlieh er die gleichen Privilegien, wie sie die großen Märkte in Köln oder Magdeburg besaßen. Nordöstlich des Burgbergs wurde dann für die Händler und Kaufleute ein Anger bestimmt, der recht bald Mittelpunkt der wachsenden Stadt war. Hier kreuzten sich nämlich auch zwei wichtige Handels- und Verkehrswege: die alte Reichsstraße von der Pfalz Goslar über Halberstadt und Gernrode zur damals ebenfalls wichtigen Kaiserpfalz Tilleda und die Straße nach Magdeburg bzw. nach Halle und Leipzig. Die Kaufleute machten gute Geschäfte, und damit klingelte es auch in der Kasse der Äbtissin.

Die Handelsfreiheiten wurden durch Konrad II. 1038 und Heinrich III. 1040 sogar nochmals erweitert. Fortan durfte die Quedlinburger Kaufmannschaft im ganzen Reich Handel treiben. Reichtum und Wohlstand vermehrten sich, gleichzeitig auch das Selbstbewußtsein der Bürger gegenüber ihrer Schutzherrin, der Äbtissin, wovon das prächtige steinerne Rathaus mit dem davor aufgestellten Roland ein beredtes Beispiel gibt.

Wer früher etwas verkaufen wollte, durfte dies nur auf dem Markt; in den Gassen war der Handel untersagt. Damit herrschte an diesem Ort stets ein reges Treiben. Hier fanden ebenso politische Versammlungen, Gerichtstage und Hinrichtungen statt. Zugleich war dies der Ort, an dem alle öffentlich der Äbtissin huldigen mußten. Alle Bürger hatten sich in der betreffenden Huldigungswoche „anheischig" zu machen und durften die Stadt ohne Erlaubnis nicht verlassen. Diese Huldigungsprozedur wurde nach einer traditionellen Formel aus dem Mittelalter bis zur endgültigen Auflösung des Stifts 1802 geleistet.

Einem Marktmeister war die Oberaufsicht anvertraut. Ihm oblag es, die Geschäfte zu überwachen und Betrügereien dem Rat zu melden. Denn immer wieder mußte der Rat gegen das sogenannte „Übersetzen" einschreiten, dem Überteuern der Waren durch nicht vom Rat genehmigte Maße. Beispielsweise wurde den Töpfern und Seilern 1661 gedroht, wenn sie ihre Waren nicht „dauerhaftiger und besser" produzierten, fremde Waren „allhier öffentlich feil zu haben" und die Übeltäter außerdem noch streng zu be-

Ehemaliges Lohgerberhaus

Hotel „Zum Bär"

strafen. Die erste urkundliche Erwähnung von Marktständen der Woll- und Leinenverkäufer und der Kürschner stammt aus dem Jahre 1134. Auf dem Marktplatz fanden die Wochenmärkte (in der Regel wöchentlich dreimal) statt. Eßwaren, Hüte, Seife, Spielzeug und allerlei hölzerner Kleinkram, also was die Hausfrau brauchte, wurden hier feilgeboten.

Daneben gab es noch andere Märkte, die aber nicht auf dem Marktplatz abgehalten werden durften. Ihnen wies der Rat einen Platz zu, so den Blasiikirchhof für den Trödel- oder Kleidermarkt. Es gab zudem einen Kornmarkt; mit Brennholz, Torf und Stroh handelte man in der Weberstraße, und den Rindermarkt fand man hinter dem Rathaus, wo auch die Äpfel- und Kohlhoken saßen. Es ist heute schwer vorstellbar, daß noch vor rund einhundertsechzig Jahren der Marktplatz von zwei kleinen, scheußlich stinkenden Kanälen umflossen war, über die fünfzig sogenannte „Springsteine" führten. Vom Mühlgraben an der Steinbrücke ausgehend, lief der Kanal vor den Häusern entlang durch die Breite Straße und dann westlich weiter durch die Schmale Straße wieder zurück zum Mühlgraben. Immer wieder hat der Rat der Stadt schwere Strafen verfügt, um der Verunreinigung der „Flete" durch die Anwohner Herr zu werden. So ist beispielsweise in alten Akten zu lesen: „Außer der empfindlichsten Gefängnis- und andern Strafe hat ein Übertreter dieses Verbots zu gewärtigen, daß er

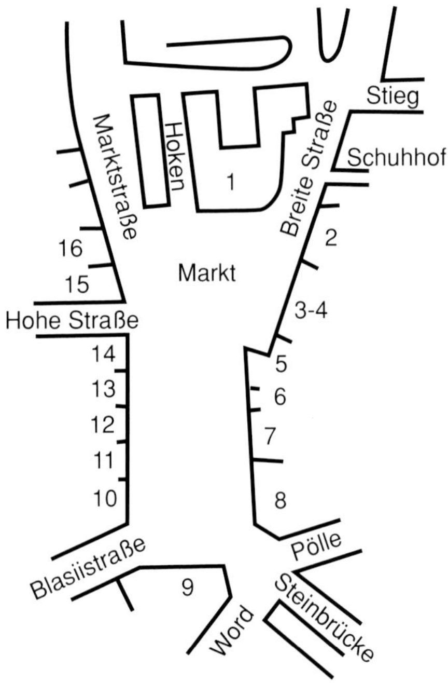

Markt Nr.	Gebäude
1	Rathaus, 17. Jh.
2	Grünhagenhaus, 1701
3-4	ehem. Gasthaus „Zur Sonne"
5	Wohnhaus, 16. Jh.
6	Wohnhaus, 16. Jh.
7	Wohnhaus, 18. Jh.
8	Hotel „Zum Bär" erstmals 1618 erwähnt
9	Wohnhaus, 1755
10	ehemals Gasthaus „Stadt Frankfurt"
11	Wohnhaus, 1976
12	Wohnhaus, 16. Jh.
13-14	ehemals Lohgerberhaus, jetzt Hotel
15	ehemals Gasthaus „Güldener Stern"
16	ehemals Ratskeller, jetzt Wohnhaus

am Markttage und bei dem größten Zulauf von Leuten werde gezwungen werden, den in den Kanal geworfenen Unrat wieder herauszuholen und in besonders dazu verfertigten Karren durch die Stadt an den ihm anzuweisenden Ort vors Tor zu fahren." Offenbar schreckte es schon damals niemanden so richtig ab, die Umwelt zu verschmutzen, so daß im 19. Jahrhundert die „Flete" endgültig zugeschüttet wurde.

Wie es der Bedeutung eines Marktes zukommt, stehen an ihm die namhaftesten Gebäude der Stadt. Die ältesten und stattlichsten stammen zum Teil aus dem 16. Jahrhundert, wie die Gildehäuser Markt 5 und Markt 13/14. Letzteres, das sogenannte Lohgerber-Gildehaus, wurde von den Lohgerbern 1763 erworben und zu ihrem „Vereinshaus" gemacht. Hier fanden sich die Gildemitglieder zu Versammlungen ein; benutzten die Räume aber auch, um Geschäfte zu machen. Die heutigen Besitzer haben nach 1990 diesen Gebäudekomplex restaurieren lassen und darin ein originelles Hotel eingerichtet. Die Lohgerber waren recht lange mit der Schuhmachergilde verbunden, schließlich lieferten sie ja das Leder für die Schuhfertigung. In der Lohe, in der zermahlene Gerbrinde mit anderen Pflanzenstoffen gemischt war, wurden die Tierhäute so gegerbt, daß sie der Schuhmacher weiterverarbeiten konnte.

Auf der anderen Seite des Marktes, an der Einmündung zur Breiten Straße, befindet sich das „Haus Grünhagen". Über dem Portal ist die Jahreszahl 1701 zu lesen. Dieses spätbarocke Patrizierhaus beherbergt heute die Musikschule der Stadt und gehört zweifelsohne zu den schönsten am Platz. Hinter der mächtigen Tür verbirgt sich eine geräumige Tordurchfahrt, die es einem beladenen Pferdefuhrwerk ermöglichte, unbeschadet auf den Hof zu gelangen. Dort konnten dann die Waren entladen und auf den Speicher

Café im Hoken 1

Farbenfrohes Fachwerk neben dem Rathaus

gebracht werden. Eine hölzerne Treppe, von einem schildhaltenden Löwen bewacht, schwingt sich zum Obergeschoß empor.

Am Markt 8/9 steht das 1748 errichtete Hotel „Zum Bär“ und erstrahlt wieder in altem Glanz. Hier logierten Heinrich Heine und Theodor Fontane auf ihren Harzreisen. Und selbst Goethe bettete in diesem Haus sein müdes Dichterhaupt zur Nachtruhe. Ein anderer, heute fast vergessener Schriftsteller, Julius Wolff, erblickte hier 1836 das Licht der Welt (Gedenktafel). Mit seinen historischen Erzählungen und Romanen zählte er am Ende des 19. Jahrhunderts zu den Publikumslieblingen. Seiner Heimatstadt Quedlinburg setzte er mit dem Roman „Der Raubgraf“ ein ganz besonderes literarisches Denkmal.

Zwischen Markt und Word überquert eine der merkwürdigsten Brücken das Bode-Sumpfland und ermöglicht seit dem 13. Jahrhundert einen trockenen Zugang zum Markt. Die Steinbrükke verdient ihren Namen zu Recht, auch wenn der Quedlinburg-Besucher keine Brücke zu entdecken vermag. In zwanzig Bögen, in einer Breite von rund sieben Metern, überspannt sie eine Länge von ca. einhundert Metern. Der Bogendurchmesser beträgt 2,70 Meter, damit werden von Pfeiler zu Pfeiler vier Meter überspannt. Da die Brücke aus harten Kalksteinen aufgeführt war, konnte sie jederzeit sicher von Fuhrwerken befahren werden. Im Laufe der Zeit senkte sich die Steinbrücke allerdings und befindet sich heute fast zwei Meter unter dem Straßenpflaster. Die Gewölbe dienten später daneben errichteten Häusern als Keller. Und die Tatsache, daß sich hier eine Brücke befand, geriet allmählich in Vergessenheit. Erst beim Bau der städtischen Wasserleitung im Jahre 1880, entdeckte man die Brücke wieder.

Das Rathaus

Rathaus mit Marktkirche im Hintergrund

Das Quedlinburger Rathaus wurde an der Kreuzung der zwei alten Handelsstraßen errichtet. Sein Grundriß folgt dem vorhandenen Straßenverlauf, was sehr gut an der Parallelstellung des Ostgiebels zu sehen ist. Wie auch in anderen mittelalterlichen Städten bildet in Quedlinburg der Markt mit dem Rathaus und der Marktkirche ein einzigartiges, charakteristisches städtebauliches Ensemble.

Den Gesamteindruck dabei bestimmt ganz wesentlich die repräsentative Südseite des Rathauses. Mit seinem im Sommer grünen und im Herbst bunten Weinlaub bietet es einen überaus romantischen und malerischen Anblick. Das fünfundzwanzig Meter breite und siebzehn Meter hohe Gebäude gliedert sich in zwei Geschosse mit einem steilen Satteldach, das durch wenige Dachfenster aufgelockert wird. Sehr harmonisch strukturieren die Fenster die breite Fassade, deren Mitte ein giebelgekröntes Renaissanceportal aus dem Jahre 1616 betont. Für das Portal bekam der Steinmetz damals, wie aus den Ratsakten hervorgeht, zweiundvierzig Taler und achtzehn Groschen.

Die Figur über dem Wappenadler stellt die ihr Füllhorn ausschüttende Göttin des hen. In dieser Form existiert das Wappen seit 1570. Adlerdarstellungen auf mittelalterlichen Wappen symbolisierten die alleinige Unterstellung der Stadt unter die Hand des Kaisers. Dies allerdings blieb für die Quedlinburger nur ein frommer Wunsch.

Erstmalig wurde das Rathaus 1310 in einer Urkunde als „domus consulum" erwähnt, und erst 1441 ist von einem „radhus" die Rede. Bis 1616 war der Haupteingang im westlichen Giebel, während sich auf der Südseite die Ratsapotheke befand, die dann dem Prunkportal weichen mußte. Mit diesem Umbau von 1616, bei dem auch alle gotischen Spitzbogenfenster entfernt wurden, erhielt das Hauptgebäude im wesentlichen sein heutiges Aussehen. In den Jahren 1898 bis 1901 wurde auf der Nordseite noch ein Erweiterungsbau angefügt. Leider fiel dabei das nachweisbar älteste Haus Quedlinburgs, Hoken 7, der Spitzhacke zum Opfer. Der Erweiterungsbau trägt im oberen Ziergiebel an der Breiten Straße Portraits der Bauherren. Trotz der denkmalpflegerischen Freveltat beim Abriß von Hoken 7 muß man sagen, daß sich der Anbau recht harmonisch ins Gesamtbild einfügt und das Hauptgebäude nicht beeinträchtigt.

Eine Tradition, die noch von den Vorvätern herrührt, sind die im Sommer vor den Fenstern angebrachten Blumenkästen. Heute denken wir bei ihrem Anblick an eine Verschönerung des Stadtbildes, an die liebliche

Roland mit Schild und Schwert vor dem Rathaus

Überflusses Abundantia dar. Sie wurde vom Bildhauer Georg Stier geschaffen, der für sein Kunstwerk zweiundzwanzig Taler verlangte. Der schwarze Reichsadler über der Tür, mit roter Zunge und roten Fängen, trägt auf seinem Brustschild das Stadtwappen Quedlinburgs. Auf rotem Grund ist ein vor einem geöffneten Tor sitzender Hund als Zeichen städtischer Wehr- und Wachsamkeit zu se-

Atmosphäre Spitzwegscher Miniaturen. Ursprünglich dienten diese Blumenkästen einer ganz profanen Sache, nämlich der Aufzucht stark duftender Kräuter. Diese sogenannten Würzgärten sollten die recht stickige und muffige Luft in den Ratsräumen verbessern. Seit 1922 erinnert links neben dem Portal eine Tafel an Quedlinburgs erste urkundliche Erwähnung durch Heinrich I., dessen Portrait nach einem Wachssiegel einer Urkunde von 929 angefertigt worden ist.

Giebelgekröntes Renaissanceportal von 1616

An der Südwestecke des Rathauses steht heute der Roland, das alte Wahrzeichen für Marktgerechtigkeit und städtische Selbständigkeit. Der Quedlinburger Roland ist mit seinen 2,75 Metern einer der kleinsten in Deutschland. Ursprünglich war die Rolandssäule frei auf dem Markt vor dem Haus Nr. 4 aufgestellt. Nach der militärischen Niederlage der Stadt im Streit mit der Äbtissin Hedwig von Sachsen um die städtische Unabhängigkeit wurde am 11. August 1477 im Beisein der Herzöge Ernst und Albrecht von Sachsen der Roland geschliffen und in Teile gehauen. Die Fragmente der Stele lagen bis 1860 im Ratskeller (Markt 16), wo sie bei Abbrucharbeiten gefunden und danach wieder zusammengesetzt wurden. Seit Frühjahr 1869 steht der seinerzeit restaurierte Roland an heutiger Stelle.

Die Vertiefungen auf dem Schild der Steinfigur dienten einmal der Befestigung einer hölzernen oder eisernen Schildplatte. Das Marktschild aus dem Jahre 1803 kann übrigens noch heute im Schloßmuseum besichtigt werden. Dieses Schild unterstand der Verwaltung des Marktmeisters. Ihm oblag es, die Schildplatte herauszutragen und an den Roland zu hängen, erst dann durfte das Markttreiben beginnen. Das Ende des Marktes wurde durch das Hereintragen des Schildes ins Rathaus angezeigt.

Der zweigeschossige Turm an der Südwestecke taucht erstmals in Ratsrechnungen von 1460 auf. In diesem spätgotischen Bauwerk verwahrte man einst die wichtigsten Urkunden und Geldmittel. Im Obergeschoß befand sich der geheime Schatzraum, nach der eigentümlichen Deckenwölbung „Kesselbude" genannt. Die Gelder für laufende Ausgaben bzw. aus Einnahmen wurden in eisenbeschlagenen Kisten aufbewahrt. Im 16. Jahrhundert zierte den Turm eine Sonnenuhr, damals als „Kompaß" bezeichnet. Sein Zifferblatt trug das Ratswappen und vergoldete Zahlen. Auf der Marktseite war noch bis Anfang des 19. Jahrhunderts ein Halseisen angebracht, der „Kak" oder „Pranger", an dem die kleinen Diebe mitsamt ihrer Beute zur Schau gestellt wurden.

Bauuntersuchungen, die 1987 an der Rathausfassade durchgeführt wurden, ergaben für das Türmchen eine farbige Fassung. Der Spiegel der Maßwerkfelder war weiß, das Maßwerk mit seinen Leibungen rot, und einige Rauten waren grau. Nach dem Umbau von 1616 erhielt die Rathausfassade einen weiß gekalkten Rauhputz. Die Fenstergewände setzten sich davon durch graugrüne Farbe mit einem schmalen schwarzen Randstrich ab.

Wie die meisten mittelalterlichen Rathäuser hatte auch das Quedlinburger vielfache Funktionen als Rats- und Gerichtshaus, als Handels- und Kaufhaus und sogar als Spielhaus für „öffentliche Belustigungen". Beispielsweise wurde 1645 als große Attraktion ein ägyptischer Löwe zur Schau gestellt. In beiden Stockwerken war ursprünglich nur je ein Raum vorhanden, wobei der Bürgersaal im Obergeschoß den repräsentativen Mittelpunkt darstellte. Hier fanden Hochzeiten, Ehrenschmäuse und andere Festlichkeiten statt.

Ab 1588 wurden Ratstage wöchentlich dreimal abgehalten. Zur Sitzung rief die Ratsglocke im Benedikti-Kirchturm. Je nach Jahreszeit mußten die Ratsherren pünktlich um sieben oder um acht Uhr „ein jeder auf seiner Stelle sitzen", ansonsten war ein Strafgeld, Stubenarrest oder bei wiederholtem Fehlen gar Gefängnis fällig. Dies befand sich im Untergeschoß rechter Hand und wurde als „bürgerlicher Gehorsam" bezeichnet.

Ebenfalls im Erdgeschoß war auch die Marktmeisterei mit einem Raum für die Verwahrung der geeichten Maße und Gewichte. Der Marktmeister selbst, zugleich oberster Stadtknecht, bewohnte einige Kammern auf dem Dachboden. Hier befand sich auch der heute im Schloßmuseum ausgestellte Raubgrafenkasten.

Zwei große bleiverglaste Rundfenster, das eine im Festsaal mit der Szene der Übergabe der Königskrone an Heinrich I. am Finkenherd und das andere im Haupttreppenhaus mit dem Stadtwappen, wurden 1901 von Ferdinand Müller geschaffen. Die Wände des Festsaals schmücken seit dem Umbau Historienbilder des Berliner Malers Otto Marcus. Sie erinnern an wichtige Ereignisse aus der Geschichte der Stadt und des Reichsstifts.

Im einzelnen sind dies:

1. Die Einführung der ersten Äbtissin, Mathilde, 966 in ihr Amt
2. Der gefangene „Raubgraf" wird 1337 in die Stadt gebracht
3. Die Heimkehr der drei Bürgermeister von einer Winterjagd
4. Die Unterwerfung der Stadt und den Sturz des Rolands 1477
5. Die Einführung der Reformation 1534 durch den blinden Prediger Kirchhoff
6. Die Einnahme Quedlinburgs durch die Brandenburger 1698

Fachwerkhaus in der Marktstraße

Hoken und Marktstraße

Zwischen Marktstraße und Rathaus erinnert die Straßenbezeichnung Hoken an die Kleinhändler, die an diesem Ort einst ihre Waren, vor allem Lebensmittel, verhökerten. Die am Hoken stehenden Häuser haben ihren Ursprung in den unterschiedlichen, bedeckten oder unbedeckten Ständen und Buden, auf denen die Krämer ihre Ware feilboten. Allmählich entwickelten sich diese Buden, wie sie 1310 hießen, zu kleineren oder größeren Häusern. Anfang des 14. Jahrhunderts zählte man elf solcher Krämerstände.

Ihre Buden durften die Hoken nur mittwochs, freitags und sonnabends aufschlagen. Dabei wurde darauf geachtet, daß die Ware nicht weiter auf die Gasse gestellt wurde, als das Dach ihrer Bude reichte. Der obere Teil der Vorderwand war herunterklappbar und diente so als Warentisch. Punkt 12 Uhr, wenn der Markt schloß, mußte die Bude sofort zusammengeschlagen werden. Als Zwischenhändler durften die Hoken nur zu einer ganz bestimmten Zeit auf dem Markt einkaufen und verkaufen. Mit dem Verbot des „Vorkop" sollte eine Überteuerung der Waren im Zwischenhandel verhindert werden.

Parallel zum Hoken verläuft die Marktstraße. Gleich am Anfang steht ein besonders reich geschmücktes Fachwerkhaus, heute als Kunsthoken bezeichnet. Ein gewisser Michael Arendt ließ es sich bauen, direkt an die alte Marktmauer. Diese ist im Inne-

Reichgeschnitztes Obergeschoß des Kunsthokens

ren deutlich sichtbar. Das Haus nimmt in seiner Vorderfront eine Änderung in der Bauflucht der Marktstraße auf. Die Fassade schmücken Fächerrosetten und doppelte Arkaden in der Oberstockschwelle, ein Motiv, das erst um 1576 aufkam. So dürfte das Haus zwischen 1535 und 1576 entstanden sein. Die zweizeilige Inschrift im Zwischengeschoß enthielt auch eine Jahreszahl, doch wurde sie beim Einbau eines Rolladens im vorigen Jahrhundert teilweise zerstört. Unter der Vorkragung im rechten Hausteil befand sich eine Toreinfahrt, die auf den Hof des langgezogenen Grundstücks führte.

Bei den Bauuntersuchungen, die der Restaurierung vorausgingen, fand man im Hofanbau Teile eines älteren Gebäudes, an der Grundstücksgrenze eine hohe Mauer mit schmalen Öffnungen und eine Querwand mit den Resten eines Kamins und einer Türöffnung. Seinerzeit wurde die Idee geboren, hier eine Galerie entstehen zu lassen und die Räume dem Kulturbund der DDR zu übergeben. Die Fassade wurde in dem für die Bauzeit als typisch nachgewiesenen Farbkontrast Schwarz - Weiß gestrichen. Viele Jahre stand das völlig verbaute und bereits vom Verfall bedrohte Haus leer, ehe es 1976/77 grundlegend restauriert und im Inneren umgebaut wurde. Heute hat der Kultur- und Kunstverein Quedlinburgs hier ein würdiges Domizil gefunden.

Wenige Schritte weiter die Marktstraße entlang steht das sogenannte Schneemelcher-Haus (Nummer 5). Errichtet wurde es im Stil des „Niedersächsischen Fachwerkbaus".

Schneemelcher-Haus

Seine wirklich prächtigen Ornamente zeugen noch heute vom Reichtum und vom Wohlstand des Bauherrn. Dieser war sich dessen durchaus bewußt, sah aber zugleich auch die Gefahren üppigen Wohllebens, sonst hätte er vermutlich nicht 1562 die folgende sehr schöne Inschrift am Bau anbringen lassen: „Die Notwendigkeit lehrte das Haus zu bauen. Das führte zu stattlicher Bequemlichkeit, würde jedoch noch die Üppigkeit hinzukommen, wäre dies eine Sünde."

Der Schuhhof

Im engen Schuhhof

Gleich am Anfang der Breiten Straße, rechts neben dem Rathaus, führt ein unscheinbarer enger und dunkler Gang in eine der romantischsten Gassen der Altstadt. Hier im Schuhhof lebten einst Schuhmacher und boten ihre Ware feil.

Bereits im 13. Jahrhundert existierte dieser Gebäudekomplex. Der Pachtzins floß in die Kasse der Nikolaikirche. Um die Mitte des 17. Jahrhunderts waren alle vierzehn Häuser an arme Handwerksverwandte, vermutlich als Witwensitz, vermietet.

Das größte Haus, durch das man von der Breiten Straße aus den Hof betritt, war einst das Gildehaus der Schuhmacher und Gerber. Errichtet wurde es 1535 mit einem Kredit von einhundert Gulden zu sechs Prozent Zinsen, den der Rat der nicht eben reichen Innung gewährte. Es waren gerade einmal fünfundzwanzig Mitglieder eingetragen.

An Markttagen fand die Auslage am sogenannten Horn statt, einem Ständer vor dem Gildehaus. Die herausklappbaren Fensterläden im Hof, auf denen man tagsüber den Käufern die Schuhe präsentierte, wurden abends wieder geschlossen. Daher rührt übrigens die heutige Bezeichnung Ladenschluß.

Marktkirchhof

Vor dem 16. Jahrhundert gab es außer Schloß, Rathaus und den Kirchen so gut wie keine massiven Steinbauten. Und so prägen heute Hunderte von Fachwerkhäusern das Antlitz Quedlinburgs. Die Stadt wirkt wie ein großes Freilichtmuseum der Fachwerkbaukunst. Im Schutz der Benedikti- oder Marktkirche wurden hinter dem Rathaus nach der Auflassung des Kirchhofes auf engstem Raum diese Fachwerkhäuser errichtet. Zwar ist keines der Gebäude für sich ein Einzeldenkmal, doch veranschaulichen sie auf einen Blick die Entwicklung dieser Baukunst von der Gotik bis zum 18. Jahrhundert. Genau datiert ist nur das solide gebaute Haus Marktkirchhof 2. Der Zimmermeister Johann Joachim Kohlwagen errichtete es 1766.

1978 befanden sich die Häuser in einem derart schlechten Zustand, daß man sie abreißen wollte. Als Ersatz hatte man einen monolithischen Neubau mit einer Fassadendekoration aus Bohlen geplant. Zum Glück konnten die Mitarbeiter der Denkmalpflege die Realisierung dieser „Idee" noch verhindern. In den Jahren von 1984 bis 1986 stellte man die Häuser um den Marktkirchhof wieder her.

Mit seinen vorkragenden Stockwerken zeigt das schmale und hochragende Haus linkerhand deutlich noch gotische Stilformen. Typische Verzierungen der Renaissance schmücken das Fachwerkhaus daneben. Das sich anschließende Haus Nummer 7 bis 9 aus dem 17. Jahrhundert ist als Stadtpfeiferhaus bekannt. Hier wohnten der Stadtpfeifer, der Büttel und die Hebamme in jeweils separaten Wohnungen, was auch die drei Haustüren verdeutlichen. Dem Stadtpfeifer oblag es, die Beschlüsse und Bekanntmachungen des Rates in der Stadt zu verkünden. Wenn er die Trompete erschallen ließ, wußte jedermann: „Achtung, eine wichtige Durchsage!". Diese Trompete ist auch in die Saumschwelle des Hauses eingeschnitzt. Die Fremdenführer erzählen gern vor dem Stadtpfeiferhaus, dies sei praktisch das erste Mietshaus gewesen, und ihre Bewohner hießen „Piep in't Loch", „Stiek in't Loch" und „Griep in't Loch". Diese Häuserzeile schließt ein Fachwerkhaus aus dem 18. Jahrhundert ab.

Sicher ist es nicht so einfach, beim Stadtrundgang auf den ersten Blick zu erkennen, welchem Stil ein Haus zuzuordnen ist. Doch gibt es einige typische Erkennungsmerkmale für die jeweilige Stilepoche. Die Häuser im gotischen Fachwerkstil sind in der damals gerade erfundenen Geschoßbauweise errichtet. Vom Dach einmal abgesehen, stellt jedes Stockwerk ein „Haus im Haus" dar. Stets wiederholen sich die gleichen Bauglieder und man könnte ohne weiteres ein Geschoß herausnehmen oder aufsetzen, ohne etwas an der Grundkonstruktion ändern zu müssen.

In der Regel ist das Erdgeschoß höher als die anderen Etagen. Die in sich verzapften Balken des jeweils unteren Geschosses bilden stets eine standfeste Grundlage für die oberen. Das darüberliegende Stockwerk kragt jeweils leicht vor. Diese Eigentümlichkeit ermöglicht es, die Saumschwelle des nächsthöheren Stockwerks auf das vorkragende Ende des Tragbalkens aufzusetzen, so daß sich die Wand des oberen Stockwerks vor der des unteren befindet. Durch das Belasten der Balkenenden mit diesem Aufbau entstand sogleich ein Gegengewicht, das ein Durchbiegen der Balkenmitte verhindert. Zusätzlich schützte die Vorkragung die unteren Etagen vor den Witterungseinflüssen, und die Räume wurden außerdem in ihrer Grundfläche nach oben hin größer. Auf einem kleinen Grundstück konnte so immer noch etwas größerer Wohnraum geschaffen

Stadtpfeiferhaus an der Marktkirche

werden. Den Abschluß dieser „übereinandergestapelten" Wohneinheiten bildet meist ein sehr steiles und hohes Dach.

Seit der Mitte des 15. Jahrhunderts, als sich diese Art des Bauens endgültig durchsetzte, hat sie sich auch kaum verändert. Natürlich forderten die hervorstehenden Balkenenden förmlich dazu heraus, verziert zu werden. Zum Glück, kann man da nur sagen, denn die einzelnen Bauperioden können nur in der Gestaltung des Rahmholzes, der Balkenköpfe, der Saumschwelle oder der Füllhölzer unterschieden werden.

Bis etwa 1530 bestimmten die gotischen Häuser (Marktkirchhof 6) mit ihren Vorkragungen und den reichverzierten Kopfbändern unter den Balkenköpfen das Stadtbild. Die Balkenköpfe werden häufig durch Hohlkehlen vom Balken getrennt. Mitunter wird die Saumschwelle durch Treppenfriese aufgelockert. Häufiger anzutreffen sind aber sogenannte Schiffskehlen, die von Rundstäben begrenzt werden. Die Saumschwelle trägt meist Inschriften aus mittelalterlichen Handschriften.

Der nächste Qualitätssprung im Quedlinburger Fachwerkbau fällt in die Zeit von 1530 bis 1630, von der Fachwelt „Niedersächsischer Fachwerkbau" genannt (Marktkirchhof 7). Die Schiffskehlen in den Saumschwellen werden jetzt tiefer ausgearbeitet. Dekorative Rosetten, Sonnen oder Palmetten finden sich in dieser Zeit allenthalben über den Balkenköpfen, die zu Walzen oder Tönnchen verformt werden. Ab etwa 1550 trägt die Saumschwelle vertiefte Inschriften in Großbuchstaben. In vielen Schiffskehlen der Saumschwellen sind Taustäbe zu sehen. Die Brüstungsfelder belegte man ab 1600 auch mit Rosetten oder kunstvoll beschnitzten Täfelungen.

„Quedlinburger Pyramiden"

Um 1630 veränderten sich die Schmuckformen erneut. Die nun häufig anzutreffende Ausformung der Balkenköpfe in Diamantschliff wird als „Quedlinburger Sonderstil" (Marktkirchhof 8) bezeichnet und erfreute sich bis 1760 allgemeiner Beliebtheit. Dabei wurde der Balkenkopf an seiner Stirnseite zu einer Pyramide geformt. Weitere Schmuckelemente in dieser Zeit sind die schuppenartigen Muster über den Rundstäben der Schiffskehlen, die jetzt wieder flacher ausgeformt wurden. Die kräftigen Brüstungsleisten bestehen aus Viertelstab und Schiffskehle, und die Brüstungsfelder selbst blieben schmucklos. Die Ständer wurden teilweise über die ganze Länge mit Bandmustern oder Blattornamenten versehen. Über den Balkenköpfen waren Kreise mit Kerbschnittmustern beliebt.

Nach 1700 setzte eine zunehmende Verflachung der Schmuckformen ein. Ende des 18. Jahrhunderts nahmen die Häuser immer sachlichere Formen an, kaum noch findet sich eine Verzierung oder ein Schnörkel. Verschiedene Gestaltungselemente entlehnte man nun der Steinbauweise. Damit war die Blütezeit des Fachwerks endgültig vorbei und ein anderes Formengefühl, heute würde man sagen, ein anderer Zeitgeist (was immer das sein mag) setzte sich durch. Die Saumschwelle wurde flacher gehalten und nahm die Balkenköpfe schließlich ganz auf. Die Abstände zwischen den Fenstern wurden beliebig schmal oder breit gewählt. Schwachprofilierte Bretter deckten die Saumschwelle, die Balkenköpfe und die Füllhölzer ab. Insgesamt lassen sich somit fünf Entwicklungsetappen für den Fachwerkbau in Quedlinburg unterscheiden.

Die Fachwerkhäuser sind aber nicht nur eine reine Zimmermannsarbeit. Sie erzählen auch etwas von der Kultur und der Lebensweise ihrer Bewohner und von deren sozialer Stellung im Gefüge der Stadt. Gehörten die Häuser einem Patrizier, einem Kaufmann, einem Krämer oder einem Handwerker? Wo wurden die Gebäude errichtet und welche Funktion war ihnen zugedacht? Großkaufleute beispielsweise wohnten am Markt oder in dessen Nähe, Handwerker wiederum in belebten Straßen, um ihre Waren im Untergeschoß zum Verkauf anzubieten. Die hohen Dachräume dienten in der Regel als Lager oder Trockenraum. Auch die Zwerchhäuser mit Ladeluke im Dach oberhalb der Toreinfahrt können etwas über die Bewohner aussagen. Die Häuser einer Stadt sind wahrlich kulturgeschichtliche Zeugnisse.

Steinweg

Wenn man vom Kornmarkt kommend die Bockstraße hinuntergeht, hebt sich auf der linken Seite ein mächtiger Steinbau ab. Das einem Renaissanceschloß ähnelnde Gebäude von 1564 ist das älteste in Stein errichtete Bürgerhaus der Stadt Quedlinburg. Nach seinem ersten Besitzer heißt es noch heute „Hagensches Freihaus".

Zwar schlicht in ihrer Gestaltung, aber gewaltig erhebt sich die östliche Fassade über einem mächtigen Sockelgeschoß aus Sandsteinquadern. Dadurch macht der Bau einen recht trutzigen Eindruck, man könnte meinen, der Hausherr hätte eine „splendid isolation" dem lauten Treiben in der Stadt vorgezogen. Doch diese Überhöhung der Erdgeschoßzone hatte praktische Gründe, schließlich verlief damals vor den Fenstern noch die Stadtmauer. Und wer will schon ständig auf eine Mauer schauen?

Hagensches Freihaus

Der runde Eckturm und die beiden Dacherker mit ihren geschweiften Giebeln beleben den ansonsten nüchternen Anblick. Im Innern führen zwei reich mit Intarsien geschmückte, eichene Prunktüren in einen großen getäfelten Raum mit geschnitzter Eichenholzdecke. Die Intarsien vermögen noch eine Vorstellung von der einst prachtvollen Ausstattung der ehemaligen Stadthauptmannswohnung zu geben. Nach umfangreicher Sanierung 2003/2004 sind die historischen Säle wieder zugänglich. In der Alt- und Neustadt gab es insgesamt sechsunddreißig Adligen- und Freihäuser. Allerdings waren sie nicht so üppig ausgestattet wie das „Hagensche Freihaus", sondern meist aus Fachwerk und sparsamer eingerichtet.

Einige Schritte weiter befindet man sich „Zwischen den Städten", nämlich dort, wo die Neustadt mit ihrem regelmäßigen Stadtgrundriß beginnt. Ursprünglich stand hier das 1433 erbaute Gildehaus der Tuchmacher, ehe 1735 das St.-Annen-Hospital errichtet wurde. Sankt Anna war die Schutzpatronin der Tuchhändler, die im Obergeschoß des Neubaus einen großen Gesellschaftssaal besaßen.

Ohne mühsame künstliche Aufschüttungen, teilweise bis 1,50 Meter Höhe, hätte man die Neustadt nicht errichten können, ist sie doch regelrecht

Hotel „Zur Goldenen Sonne"

im Sumpf gebaut. Der Morast hätte sonst die Hauptverkehrsachse, den Steinweg, geschluckt. Die an ihm liegenden Grundstücke liefen von der Straße aus meist bergab. Die frühe Pflasterung des Steinwegs, in alten Urkunden als „via lapidea" bezeichnet, war gewiß dem unsicheren Untergrund geschuldet. Außerdem war die Straße der östliche Hauptzugang der Stadt. Trotzdem darf man die frühe Straßenpflasterung nicht mit der heutigen gleichsetzen; vielfach bestand das Pflaster nur aus einigen Trittsteinen, die verhindern sollten, daß man gleich im Morast versank.

Gegenüber dem Mathildenbrunnen, lenkt ein besonders schönes Fachwerkhaus im Quedlinburger Sonderstil am Steinweg 11 die Blicke der Passanten auf sich. Mit seiner prächtigen Fassade dominiert es das Stadtbild auf der Nordseite des Neustädter Marktplatzes. Dort, wo sich heute der Mathildenbrunnen erhebt, stand noch bis 1890 das gotische Neustädter Rathaus, von dem allerdings schon damals nur noch das Untergeschoß vorhanden war. Kurz nach dessen Abriß wurde auf den nun häßlichen freien Flecken der Brunnen gestellt, der seinen Namen übrigens der Frau des damaligen Stadtrats Besser verdankt.

Das Gebäude Steinweg 11, als Gasthaus „Zur Goldenen Sonne" bekannt geworden, schuf 1671 Zimmermeister Hans Reule. Er wurde 1642 in Quedlinburg geboren. Sein erstes Fachwerkhaus errichtete er – gerade achtundzwanzigjährig – 1670 an der Kaplanei 6. Zwischen 1670 und 1680 baute

nisch versierten Meister bekannt. Von den 146 im Jahre 1987 noch vorhandenen Inschriften sollen derzeit 112 erhalten sein, eine Folge der zahlreichen Abbrüche in den vergangenen Jahren.

Wie so viele andere Häuser in Quedlinburg hat auch die „Goldene Sonne“ eine große Toreinfahrt, die direkt auf den Hof mit Stallungen und einer Scheune führt. Im Jahre 1970 wurde das Haus instandgesetzt und zu einem Ledigenwohnheim umgebaut. Dabei gab es jedoch im Innenbereich erhebliche Eingriffe in die Bausubstanz. Miteinbezogen in die Neugestaltung wurde das Nebengebäude, Steinweg 12, aus dem 18. Jahrhundert. Nach erneuter Restaurierung des gesamten Anwesens Anfang der 90er Jahre des 20. Jahrhunderts ist das Gasthaus „Zur Goldenen Sonne“ wieder, wie ursprünglich, ein Hotel.

Barocker Fachwerkstil an der „Börse“

er mindestens sieben Häuser in Quedlinburg, als letztes sein eigenes Haus in der Mühlenstraße 22. Mit knapp einundfünfzig Jahren starb Zimmermann Reule (Rühle, Rule, Ruhle) hier in der Neustadt.

Im allgemeinen war es üblich, daß sich nur die Bauherren mit ihren Namen im Türsturz verewigten, die eigentlichen Erbauer blieben meist unbekannt. Doch etwa seit 1632 setzte sich in Quedlinburg die Besonderheit durch, daß die Zimmermeister stolz ihren vollen Namen mit dem Zusatz „ZM“ für Zimmermann in die Fassade schnitzten. Nur dadurch blieben diese künstlerisch begabten und tech-

Einige Schritte weiter, an der Ecke Steinweg/Reichenstraße, steht der wahrscheinlich letzte vollkommene Fachwerkbau der Stadt, das Haus zur „Börse“. Zimmermeister Andreas Besen errichtete das einst beliebte Gasthaus 1683. In unvergleichlicher Meisterschaft sind hier die traditionellen Bauglieder abgewandelt und neuartig gestaltet. Weit vorspringende Kopfbänder, doppelte Kreuzverbände innerhalb einzelner Fächer, aus der Wand tretende Mauerteile und Erker, sowie Dachgiebelaufbauten erzielen eine malerische Wirkung und kennzeichnen hier anschaulich den Barockstil.

Der Ständerbau

Bis vor kurzer Zeit galt das Gebäude Wordgasse 3 als das älteste Fachwerkhaus der Stadt, ja vielleicht sogar Deutschlands. Doch 2004 durchgeführte Sanierungsarbeiten am Haus Hölle 11 brachten noch älteres Fachwerk ans Licht (Näheres dazu im Kapitel Hölle - Pölle - Stieg).

Trotz völlig unzureichender Ausstattung war das Haus bis 1965 noch bewohnt. Bei seiner grundlegenden Restaurierung 1966 bis 1969 ließ man originale Holzproben nach der Radiocarbonmethode (C14) untersuchen, um das Baujahr festzustellen. Dabei gab es allerdings zwei unterschiedliche Ergebnisse: zum einen das Jahr 1310 und zum anderen 1480 mit plus/minus fünfzig Jahren Differenz. Eine Klärung zur Datierung brachten die Untersuchungen also nicht. Deshalb gilt weiterhin: Das Haus entstand wahrscheinlich um 1400.

Bei den Restaurierungsarbeiten bemühte man sich, die noch brauchbaren originalen Bauteile zu erhalten. Allerdings mußten die Ostfassade und das Dach völlig rekonstruiert werden, die Schäden waren hier schon zu weit fortgeschritten. Die Fenster gestaltete man in den Maßen der originalen Öffnungen. Das Haus hat eine Grundfläche von nur 48 Quadratmetern und eine Raumhöhe von gerade einmal 2,10 Meter.

Als 1976 alle Arbeiten abgeschlossen waren, zog das Fachwerkmuseum der Stadt ein. Das unmerklich schwankende Haus selbst wurde dabei zum Ausstellungsstück. In den acht Räumen des Museums zeigen zahlreiche Grafiken, Zeichnungen und Modelle in sehr anschaulicher Weise die Entwicklung des Fachwerkbaus in Deutschland auf.

Der Hochständerbau in Quedlinburg ist der letzte seiner Art in Deutschland über-

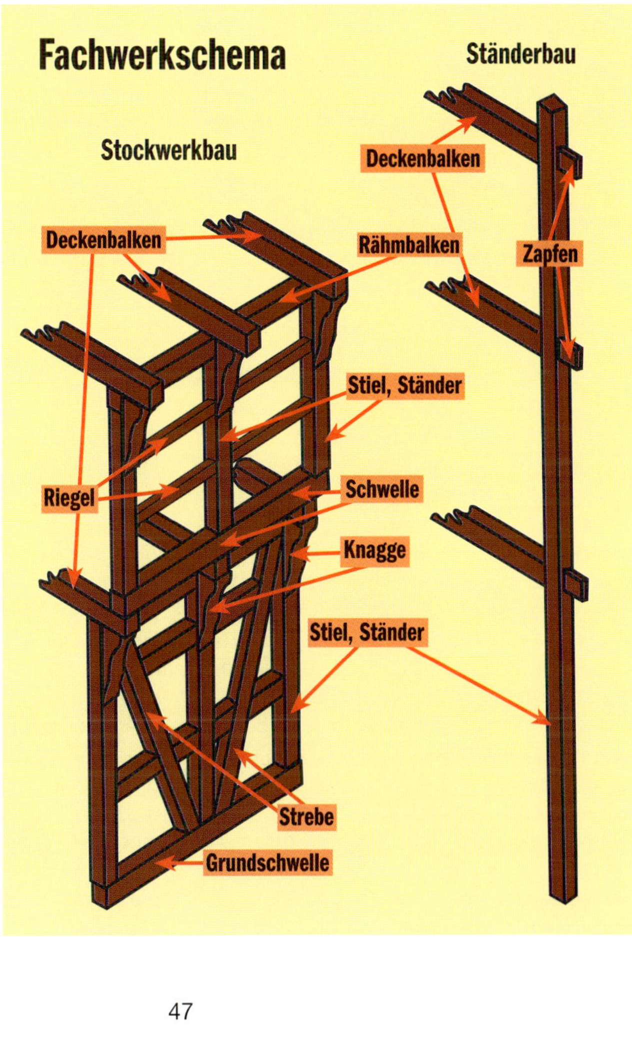

Der Ständerbau

haupt. In seiner recht einfachen Konstruktionsart ist er der Vorgänger der gotischen Geschoßbauweise.

Auf der niedrigen Grundmauer ruht die Schwelle, in die senkrecht die Ständer oder „Stiele" eingezapft sind. Diese „Stiele" reichen bis zum Dach, das von ihnen getragen wird. Die waagerechten Querhölzer, die die Stiele verbinden, geben dem Ganzen eine gewisse Stabilität. Die entstehenden Gefache sind mit Flechtwerk und Lehm ausgefüllt. Die in einen Zapfen auslaufenden Enden der Querbalken für den Fußboden bzw. Dachboden wurden durch einen Schlitz des Ständers gesteckt und außen mit starken Holznägeln gesichert. Im Inneren sind die Tragbalken mit den Hochständern durch schräge Kopfleisten verbunden, wodurch das Holzgerüst an Festigkeit gewann. Trotzdem war auf die Dauer diese Bauart nicht sehr haltbar. Nur allzuleicht verbogen sich die langen Ständer, die Holzpflöcke konnten reißen und dann wiederum die Tragbalken aus ihrer Verankerung rutschen.

Hölle - Pölle - Stieg

Die Straßenbezeichnungen Pölle und Stieg deuten darauf hin, daß die Gegend früher morastig war. 1233 wurde erstmals urkundlich ein Polna erwähnt, und noch 1423 ist von „up der Polne" die Rede. Es könnte vom niederdeutschen Wort Pol abstammen, was nichts anderes als Pfuhl heißt. Die Pölle ist also eine feuchte Senke, über die man trokkenen Fußes nur auf einem Stieg kam oder, wie es 1529 heißt, „uffen Steyge".

Wie der Name Hölle entstand, ist so einfach nicht herzuleiten. Sicher ist nur, daß in der Pölle ein einzelnes Haus stand, was eine Urkunde aus dem Jahre 1233 belegt. Darin heißt es: „domus in Polna, que appelatur Infernus", zu gut deutsch also, „das Haus in der Pölle, das Hölle genannt wird".

Bei Sanierungsarbeiten im Haus Hölle 11 ließ man die freigelegten Balken in den Dekken und vom Dachstuhl untersuchen. Die dendrochronologische Methode, die hierbei angewandt wurde, ergab ein sensationelles Alter der Balken von rund 800 Jahren. Das Eichenholz datierte man auf das Jahr 1215 und das Fichtenholz um 1230. Damit ist das Haus Hölle 11 wesentlich älter als der aus dem 14. Jahrhundert stammende Ständerbau in der Wordgasse.

Auf den ersten Blick ist das trutzige, zweistöckige, romanische Gebäude mit seinen dicken Sandsteinmauern nicht als ein Fachwerkhaus zu erkennen. Die Holzkonstruktion steckt vielmehr verborgen in der Geschoßdecke und im Dachstuhl. Vielleicht läßt sich die urkundliche Erwähnung des Höllenhauses aus dem Jahre 1233 mit dem Haus

Hölle 11 in Verbindung bringen. Der ursprüngliche Zweck dieser mittelalterlichen Eigenfestung ist aber immer noch unbekannt. Informationen über den Stand der Bauforschung und der Sanierung gibt eine kleine Ausstellung.

Am Haus in der Pölle Nr. 39 macht eine Gedenktafel auf einen berühmten Quedlinburger aufmerksam, der hier 1759 das Licht der Welt erblickte: Johann Christian GutsMuths. Er gilt als der Begründer des Schulturnens und als „Erzvater" der deutschen Turnerbewegung überhaupt. Ehe sich GutsMuths als Lehrer und Leiter für gymnastische Übungen in der Salzmann'schen Erziehungsanstalt Schnepfental der Körperertüchtigung voll und ganz widmete, verdiente er seine Brötchen als Hauslehrer in Quedlinburg. In seinen Büchern, wie in dem 1793 erschienenen „Gymnastik für die Jugend" oder dem „Turnbuch für die Söhne des Vaterlands" von 1817, erläutert er, wie wichtig Körperertüchtigung für eine gesunde Entwicklung junger Menschen ist. Zugleich tritt er für den Schulsport als Bestandteil der Erziehung ein.

„Alter Klopstock" im Stieg 28/29

In Blickweite des GutsMuths-Hauses errichtete die Stadt 1904 auf dem Mummentalplatz ihrem berühmten Sohn ein Denkmal. Leider hat dies Denkmal die Zeitläufte nicht ganz unbeschädigt überstanden, denn die vier Sockelreliefs mit Szenen aus GutsMuths' Leben wurden irgendwann einmal entfernt. Der gute Turnvater ist auf dem Sockel als Wanderer dargestellt, begleitet von seinem Lieblingsschüler Carl Ritter. Der wiederum, 1799 gleichfalls in Quedlinburg geboren, gilt als Begründer der wissenschaftlichen Geographie. 1820 berief die Berliner Universität Ritter als ersten Professor für Geographie in Deutschland. Im Brühl wurde auch ihm ein Denkmal gesetzt.

Übrigens deutet das Wort Mummental darauf hin, daß hier einst allerlei Unrat aus der Stadt in die Senke (Tal) gebracht wurde. Noch um die Jahrhundertwende war in Quedlinburg das Wort „ausmummen" im Zusammenhang mit dem Reinigen des Mühlgrabens gebräuchlich.

Es spricht für den subtilen Humor der Quedlinburger, wenn sie behaupten, daß das Denkmal nicht nur zwei Personen darstelle. Schließlich solle der Gehrock, den Guts-Muths trägt, an den religiösen Quedlinburger Dichter Gerok erinnern, und der Stock in der Linken des jugendlichen Carl Ritters sei zum Gedenken an Klopstock eingefügt worden. Natürlich hat die Stadt auch Klopstock ein Denkmal gesetzt und, ganz wie es dem Dichter geziemt, steht auch dieses im Brühl, dem schönen Park Quedlinburgs.

An die Familie Klopstock erinnert auch das Doppelhaus im Stieg 28/29, im Volksmund Alter Klopstock genannt. 1744 erwarb es ein Vetter des berühmten Dichters. Im Jahre 1833 starb in diesem Haus mit Christiane Magarethe Klopstock die weibliche Linie der seit 1657 in Quedlinburg ansässigen Familie Klopstock aus. Das Haus weist neben der Jahreszahl seiner Errichtung, 1564, noch eine Reihe anderer Jahreszahlen an der Fassade auf: 1580, 1603, 1605 und 1633. Diese Zahlen lassen sich mit mehreren An- und Umbauten in Verbindung bringen.

Bauherr war wahrscheinlich der Gewandschneider Hermann Schimmelmann, Angehöriger einer der wichtigsten und wohlhabendsten Zünfte in der Stadt. So einer hatte natürlich auch das nötige Kleingeld, sein umfängliches Haus reich ausschmükken zu lassen. Das Eckhaus wird von einem Erker geziert, und im Hof gab es einst offene Galerien. Eine freistehende, beschnitzte Säule dominiert die große Diele im Eckhaus und trägt den wichtigsten Unterzug des Hauses. Im Ostflügel befinden sich über der großen Toreinfahrt die Ladetüren, die auf den Speicher führten.

Von 1979 bis 1983 wurden die Häuser gemeinsam mit dem angrenzenden Gebäude Hölle 1/2 instandgesetzt. Auf diese Weise entstanden zehn schöne und komfortable Wohnungen.

Der Brühl

„Von den sonstigen Parkanlagen der Stadt, die sämtlich geschmackvoll angelegt sind und mit vielem Fleiße gepflegt werden, erfreut sich besonders der Brühl eines wohlverdienten Rufes“, heißt es in einem alten Stadtführer. Dieses Lustwäldchen (silva quae broil vocatur) am Ufer der Wilden Bode wird 1179 als ein Besitz des Wiperti-Klosters erwähnt. Der Name Brühl deutet auf den sumpfigen Charakter des Bodens hin. Erst die vier Hauptalleen, die die Äbtissin Anna Dorothea, Herzogin von Sachsen-Weimar 1685 anlegen und mit Linden bepflanzen ließ, machten das Wäldchen zum Park.

Ein weiterer Ausbau erfolgte 1757 auf Veranlassung der Schwester Friedrichs des Großen, der Äbtissin Anna Amalia. Nach Auflösung des Stifts 1803 fiel das Wäldchen an das preußische Königshaus, und Friedrich Wilhelm III. schenkte den Brühl dann 1818 der Stadt. Schon in alten Stadtführern wurde die Vielfalt der Bäume, wie Weymouthskiefern, Blutbuchen, Tulpenbäume und die große Menge seltener, wild wachsender Pflanzen für besonders erwähnenswert gehalten.

Auch mit dem Brühl verbinden sich mancherlei lustige Sagen. So soll auf den Wegen häufig eine weiße Jungfrau ahnungslose Müllerburschen am Verlassen des Wäldchens hindern. Die armen Wichte müssen dann so lange in Begleitung der bleichen Jungfrau durch den Brühl irren, bis es endlich Mitternacht schlägt und der Spuk vorbei ist.

Eine andere Geschichte berichtet von recht lockerlebenden Mönchen, die sich hier mit allerlei Frauenspersonen herumdrückten. Äbtissin Bertradis verbot ihnen deshalb den Aufenthalt im Brühl und ließ noch Bärlauch säen. So konnten Missetäter, die es trotz des Knoblauchduftes dieser Pflanze

Blick in den Brühl

ins Unterholz zog, gleich an ihrem aus allen Kuttenfalten strömenden durchdringenden „Lustgeruch“ identifiziert werden.

Der an der Brühlstraße stehende Gedenkstein mit der Hochwassermarke vom 30. Dezember 1925 zeigt, wie unberechenbar das meist stille Flüßchen Bode hier sein kann. Damals ergoß sich, nach plötzlichem Tauwetter und heftigem Regen, eine Flutwelle in die Stadt, die binnen kurzer Zeit Straßen, Gassen und den Markt unter Wasser setzte.

Gleich am Zugang des Parks erhebt sich mit seinem neugotischen Aufbau das Denkmal für Carl Ritter. Am 7. August 1865 wurde es feierlich enthüllt. Die Bronzebüste ist ein Werk des Quedlinburger Bildhauers Eduard Ulenhut. Etwas weiter drinnen im Brühl, an einem lauschigen, von Tannen und Eiben umgebenen Ort, steht das schlichte Denkmal Friedrich Gottlieb Klopstocks. Es muß dem Auge des Betrachters ganz einfach gefallen, denn der Entwurf stammt von keinem geringeren als Karl Friedrich Schinkel. Und wo der Name Schinkel auftaucht, ist der des Christian Friedrich Tieck nicht weit. Ihm verdanken wir das so eindrucksvolle Bronzebildnis des großen Dichters. Eine Tafel im Giebelfeld des Denkmals zitiert in leicht geänderter Form die Schlußzeile der Klopstockschen Ode „Mein Wäldchen“. 1778 hatte sie der Dichter als Dank an das in der Nähe Kiels lebende Grafenpaar Holck gesandt, als es ihm seinen Lieblingsaufenthaltsort, ein Eichenwäldchen, schenkte.

„Wenn hier im Sturm nicht mehr die
Eiche rauschet,
Keine Lispel mehr wehn von dieser Weide,
Dann sind Lieder noch, die von
Herzen kamen,
Gingen zu Herzen.“

Der Münzenberg

Gegenüber dem Schloßberg erhebt sich steil ansteigend der Münzenberg. Dicht an dicht, wie Schwalbennester am Berghang klebend, drängen sich an diesem Ort die nachmittelalterlichen Fachwerkhäuser. Von hier oben bietet sich ein schöner Blick über die Dächer und Türme Quedlinburgs und das Harzvorland.

Der Name „Münzberg" taucht bereits in den Urkunden des 13. Jahrhunderts auf. Verschiedene Schreibweisen sind bekannt, wie Monsionberg, Munczinberg, Montsingebergh, die allerdings nichts mit Münzen oder Geld zu tun haben. Eine genauere Herleitung ist nicht möglich. Die Sprachwissenschaftler bringen den Namen mit dem einst auf dem Berg befindlichen Kloster in Verbindung, also von „monasterium in monte" (Kloster auf dem Berge), wobei einige mehr monasterium und andere mehr mons in den Mittelpunkt ihrer Überlegungen stellen.

Vom Kloster St. Mariae der Benediktinerinnen sind nur noch wenige, in den Kellern der Häuser verborgene Reste der Grundmauern übrig. Zudem steht noch die aus rohen Feldsteinen errichtete Esse der einstigen Klosterbäckerei. Die Äbtissin Mathilde II. ließ 986 zum Gedenken an ihren Bruder Otto II. das Kloster gründen. Die nach den Regeln des heiligen Benedikt lebenden Nonnen hatten zwar eine eigene Äbtissin, doch waren sie vom Reichsstift auf dem Schloßberg nicht unabhängig. Die noch vorhandenen Grundmauern der Klosterbauten stammen aus der Zeit um 1000. Während des Bauernkrieges 1524/25 wurde die Klosteranlage von umherziehenden Bauernhaufen geplündert und teilweise zerstört. Die Nonnen verließen 1525 ihr Kloster, weil sie um ihr Leben fürchten mußten. Nach und nach verfiel die Anlage zur Ruine, so daß der Berg 1540 nur noch eine öde Trümmerstätte war.

Esse der ehemaligen Klosterbäckerei

Unter der Äbtissin Elisabeth (1574 bis 1584) setzte eine allmähliche Neubesiedelung des Sandsteinfelsens ein. Vornehmlich arme Handwerker, fahrende Gesellen und Wandermusikanten, also jene, die nicht Bürger werden durften, errichteten zwischen den Ruinen ihre einfachen Häuser. Geschickt nutzten sie dabei die Grundmauern der romanischen Klosterkirche, einer mächtigen dreischiffigen Basilika, ähnlich der in Gernrode.

Noch heute sind, mit etwas geübtem Blick, auf der Seite nach dem Stiftsberg in dem Gewirr von Kellern, kleinen Höfen und Schuppen die Ausmaße des Kirchenbaus zu erkennen. Das einzige gerettete Architekturteil, das Säulenportal des südlichen Seitenschiffs, ist 1957 an der Südseite der Wipertikirche eingebaut worden. Heute stehen auf dem Münzenberg recht einfache Fachwerkhäuser aus dem 19. Jahrhundert, da Feuersbrünste die sorglos und billig gebauten Häuser oft vernichteten. Zugänglich war der Münzenberg einst durch drei Tore. Zu den Pforten im Osten und Süden führen noch heute schmale Treppen.

St. Wiperti

Dort, wo einst der Königshof Heinrichs I. lag, steht die Wipertikirche. Das Gelände ist an drei Seiten von einem Bodearm und an der vierten vom Kapellenberg begrenzt. Es war durch den natürlichen Schutz des Bodewassers und durch das sich anschließende Sumpfgelände günstig zu verteidigen. Daher haben hier bereits seit der Jungsteinzeit um 5000 v. Chr. Menschen gesiedelt, wie zahlreiche Bodenfunde belegen. Seit der Wahl Heinrichs I. zum König 919 gehörte der Hof zur Pfalz Quitilingaburg, nach dem Tode des Königs zum Stift. Damals mußten die auf dem Schloßberg zur Betreuung der Kirche wohnenden Kanoniker auf den ehemaligen Königshof umziehen. Im Laufe des 10. Jahrhunderts wurde die dem heiligen Wigbert geweihte Kapelle grundlegend umgestaltet und mit einer langgestreckten Basilika überbaut. Die heutige Krypta könnte schon aus dieser Zeit, aber wohl eher von etwa 1020 stammen. Im Jahre 1148 wurde durch die

Südliches Seitenschiff mit Rundbogenportal aus dem Münzenberg-Kloster

Romanische Umgangskrypta in St. Wiperti

siegt war, zogen die empörten Quedlinburger zum Wiperti-Kloster, legten die Kirchtürme in Schutt, steckten den Kreuzgang in Brand und verwüsteten die Gebäude. Nur notdürftig konnte der Schaden in den folgenden Jahren ausgebessert werden. Die Reformation und die darauffolgenden Bauernkriege mit ihren Verwüstungen bedeuteten das endgültige Aus für das Kloster. Die Mönche verließen diesen Ort, der 1547 zum Vorwerk des Frauenstifts wurde. Bis 1812 diente St. Wigbert noch als evangelische Pfarrkirche, ab 1816 als Scheune und Milchkeller. Erst in den fünfziger Jahren des 20. Jahrhunderts wurde die Kirche denkmalpflegerisch restauriert. Seitdem nutzt sie eine Kirchgemeinde wieder als Gotteshaus.

Die Krypta ist eine dreischiffige Halle mit halbrunder Apsis. Das Tonnengewölbe ruht auf einem von Pfeilern und Säulen getragenen Architrav und ist damit das früheste Beispiel des niedersächsischen Stützenwechsels in Deutschland. Charakteristisch sind die Pilzkapitelle, die der Holzbaukunst entlehnt sind und nicht, wie sonst üblich nach antiken Vorbildern gefertigt wurden. Die Seitenschiffe sind konzentrisch um das Mittelschiff herumgeführt. In Frankreich wurde dieser Formenschatz bis zur gotischen Kathedrale weiterentwickelt, in Deutschland hingegen fand er keinen Anklang. Die Nischen in der Außenwand könnten zum Sitzen oder für Ikonen gedacht gewesen sein. Nach Osten hin verjüngt sich der Raum, wodurch er länger und monumentaler wirkt.

Äbtissin Beatrix II. das Kanonikerstift in ein Prämonstratenserstift umgewandelt. Seither ist in den Urkunden der Name St. Wigbert für das Kloster gebräuchlich. Ziemlich schnell verbesserten die Mönche durch eine strenge Wirtschaftsführung ihre Vermögenslage.

Seine Blüte erlebte das Kloster zwischen 1250 und 1330. Anfang des 14. Jahrhunderts wurde es in die Streitigkeiten des Grafen Albrecht II. von Regenstein mit der Stadt Quedlinburg hineingezogen. Vom Kloster aus bedrängte der Graf mit seinen Soldaten die Bürger. Nachdem 1336 der Regensteiner be-

St. Benedikti (Marktkirche)

Bis in die romanische Zeit geht wahrscheinlich die erste Anlage der Benediktikirche zurück. Im Innenraum vorhandene Mauerteile, wie die Sockelmauer der Ostwand mit der romanischen Kryptapforte im südlichen Seitenschiff, deuten auf eine dreischiffige Basilika. Heute sieht der Betrachter allerdings eine dreischiffige, spätgotische Hallenkirche mit einem mächtigen Chorraum, an den sich südlich die Sakristei und nördlich die Kalandskapelle anschließen.

In der ersten Hälfte des 13. Jahrhunderts wurde mit dem Anbau der Türme an die romanische Basilika begonnen. Im Fortschreiten der Bauarbeiten vollzog sich der Übergang von der Spätromanik zur Frühgotik. Die großen Blendarkaden im Untergeschoß der Türme, die Doppelschallöcher im Zwischenbau und die dreifach unterteilten Schallöcher im Obergeschoß der Türme zeigen die eigenartige, doch interessante Mischung von romanischen Rund- und gotischen Spitzbögen.

Da die romanische Kirche den repräsentativen Anforderungen einer städtischen Pfarrkirche nicht mehr entsprach und sich als zu klein für die gewachsene Stadt erwies, begann man Anfang des 15. Jahrhunderts einen grundlegenden Erweiterungsbau. In dieser Zeit erhielten die Türme auch ihre Spitzhelme. Der südliche Turmhelm wurde im 16. Jahrhundert durch einen Blitz getroffen und in Brand gesetzt, an seine Stelle kam 1581 ein Walmdach mit einem Dachreiter für das Stundengeläut. 1701 ereilte übrigens den Nordturm das gleiche Schicksal, doch wurde er in der alten Form, mit Türmerwohnung, wiederhergestellt.

Der schönste Teil der Kirche ist zweifelsohne der Chor (1410 bis 1436) im Stil der Hochgotik, der sich bis zum heutigen Tag unverändert erhalten hat. Die Rippen des Chorabschlusses verzierte man mit hängenden Lilien. Während der Bauarbeiten gab es dann eine Änderung. Man entschloß sich, den Chor höher zu bauen als geplant, woraus sich auch der Knick der ausgeführten Rippen erklärt. Nördlich schließt sich die Kalandskapelle an den Chor an. Ihr Äußeres gleicht dem des Chores, bis auf die zu Schrägen vereinfachten Fensterleibungen. Gegen Ende des 15. Jahrhunderts entstand über der Krypta die Sakristei mit schönem Sterngewölbe. Das Langhaus wirkt auf den Betrachter so, als wäre es nicht fertig geworden. Und in der Tat, was großzügig geplant und begonnen wurde, konnte mangels Geldes nur notdürftig zu Ende gebracht werden. Während der Bauarbeiten geriet die Stadt in Fehde mit der Äbtissin Hedwig. 1477 unterlag die Stadt und mußte als Strafe sofort eintausend Taler und danach ein jährliches Bußgeld von fünfhundert Talern zahlen.

Das jetzige Aussehen der Kirche mit den Holzdecken und der überputzten, hölzernen Decke im Mittelschiff geht auf eine Generalrestaurierung in den Jahren 1868 bis 1870 zurück. 1993 konnte der stark beschädigte Dachstuhl des südlichen Langhauses saniert und neu mit Schiefer eingedeckt werden. Von allen Kirchen der Stadt verfügt die Marktkirche noch immer über den umfangreichsten Bestand an alter Ausstattung. Herz der Kircheneinrichtung ist der geschnitzte Hochaltar (1700 geweiht). Er erinnert mit seinen Säulchen und Giebelchen an eine antike Theaterkulisse und bildet den dekorativen Abschluß des Chores. Das Grundthema „Leben und Auferstehung" ist dem barocken Zeitgeschmack entsprechend nach Motiven des Alten und Neuen Testaments gestaltet. Die Kombination von Plastik und Gemälden gipfelt in der äußerst dramatischen Szene der Auferstehung Christi. Der Entwurf stammt von dem Architekturtheoretiker Professor Leonhard Christoph Sturm aus Wolfenbüttel. Die Ausführung lag in den Händen des

Chor der Marktkirche

Bildhauers Joachim Querfurth. Er beauftragte für die Ornamentschnitzereien, Beschläge und Gemälde noch weitere Künstler aus Hamburg, Augsburg und Quedlinburg.

Vor der Altarwand steht der eigentliche Altar, der seit 1868 mit den Brüstungsplatten der Stiftshauptmannsprieche verkleidet ist. Die exzellent gearbeiteten Reliefs aus dem Jahre 1631 stellen die drei Tugenden Glaube, Hoffnung und Liebe dar.

Im südlichen Seitenschiff, wo die Pforte zur Krypta führt, erhebt sich ein spätgotischer Flügelaltar. In der Mitte steht eine fast lebensgroße Pietà, flankiert von den Heiligen Nikolaus und Benedictus. Die Flügel zeigen wahrscheinlich die vierzehn Nothelfer, die aber zum Teil ihrer Attribute beraubt sind. Die Heiligen Antonius und Scholastica rahmen in der Predella die Szene, wie der heilige Martin als junger Soldat seinen Mantel mit einem Bettler teilt.

In der Kalandskapelle befindet sich ein weiterer Marienaltar aus der Zeit um 1480. Die Kalandskapelle ist die ehemalige Taufkapelle der Kirche und wird gegenwärtig als Winterkirche genutzt. Ihr Name erinnert an die Kalandsbrüder, die bis zur Reformationszeit ihre Aufgabe darin fanden, die Not der Kranken und Armen zu lindern. In langen Listen führten sie die Namen der Verstorbenen, für die sie Seelenmessen lasen. An den jeweils ersten Tagen des Monats (ad calendas) versammelte sich diese Bruderschaft zur Beratung.

Interessant ist auch die hölzerne Kanzel, die der Quedlinburger Bildhauer und -schnitzer Georg Steyger 1595 schuf. Ein barocker Engel trägt den achteckigen Kanzelkorb; der Schalldeckel verkörpert das Himmlische Jerusalem. Die Relieffelder an der Kanzel erzählen die Geschichte Christi von der Geburt bis zum Jüngsten Gericht. Zwei Reliefs auf der Kanzeltür erinnern an den Beginn des menschlichen Lebens auf Erden: Schöpfung und Sündenfall. Die dreimanualige pneumatische Kastenladenorgel ist ein Werk des Orgelbaumeisters Ernst Röver und verfügt über 3310 Pfeifen und 52 Register. Sie gehört seit 1888 zur Ausstattung.

Der die Kirche umgebene Marktkirchhof war bis 1811 von einer Mauer eingefaßt. Sie fiel mit dem Verbot, die innerstädtischen Friedhöfe weiterhin zu belegen. Von den vielen Grabanlagen hat sich nur das Mausoleum der Familie Gebhard, später Goetze, in der Nordwestecke des Marktkirchhofs erhalten. 1726 wurde hier der Kaufmann Gebhard zur letzten Ruhe gebettet. 1771 erwarb der Bürgermeister Johann Andreas Goetze die Begräbnisstätte.

Die größte Aufmerksamkeit erregt sicher das pompöse Säulenportal mit dem kunstvollen Barockgitter. Der geschweifte Architrav mit Volutengesims trägt zwei klagende Frauengestalten, die eine Inschriftenkartusche mit Urne umrahmen.

St. Blasii

Fast am südlichen Ende der Altstadt steht die Blasiikirche. Ihre erste Erwähnung findet sich in einer Urkunde des Jahres 1222, doch stammt die Kirche in ihren ältesten Teilen wohl aus dem 10. Jahrhundert. Der von zwei Helmen gedeckte, eintürmige Westbau verbirgt unter seiner spätromanischen Glockenstube eine noch ältere, deren Doppelschallöcher heute vermauert sind. Die Kleinheit der Anlage und die Form des Turmes lassen auf eine romanische Dorfkirche schließen, die später von der sich rasch entwikkelnden Kaufmannssiedlung als erste Kirche übernommen wurde. Im ersten Viertel des 13. Jahrhunderts wurde ein zweites spätromanisches Glockengeschoß aufgesetzt. Das ursprüngliche Walmdach wich im 15. Jahrhundert den charakteristischen gotischen Zwillingshelmen. Wie alle Quedlinburger Kirchen ist sie in Quaderbauweise aus dem einheimischen weißlichen Sandstein errichtet worden, der eine schwärzlich-graue Patina angenommen hat und den Bauwerken dadurch ein ernstes, fast düsteres Aussehen verleiht.

Um 1267/68 leisteten sich die Quedlinburger dann einen prächtigen und verhältnismäßig kostspieligen Neubau in der Form einer frühgotischen, dreischiffigen Basilika. Allerdings muß der Bau nicht mit der nötigen Sorgfalt ausgeführt worden sein, denn immer wieder waren Ausbesserungen nötig. Anfang des 18. Jahrhunderts war die Kirche dann so baufällig, daß 1714 bis 1718 die heutige barocke Kirche in der Form eines Oktogons, an das sich im Osten ein schmaler Altarraum anschließt, entstand. Innenarchitektur und Ausstattung bilden eine harmonische Einheit, die dem Raum einen intimen Reiz verleiht. Im Gegensatz zu süddeutschen Kirchen dieser Zeit, die in üppigen Formen schwelgen, ist St. Blasii mit seiner einfachen und nüchternen Formensprache ein gutes Beispiel des norddeutschen Barocks. Die zurückhaltende Klassizität der Fassade und der Stukkatur im Inneren legen die Vermutung nahe, daß

Blasiikirche

Gemälde in der stuckierten Decke

ein Italiener (vielleicht Guiseppe Crotogino, der an der Clemenskirche in Hannover mitarbeitete) für den Bau verantwortlich war. Ein achteckiges Gemälde in der Mitte des stuckierten Holzgewölbes zeigt die heiligen Bischöfe Blasius und Servatius, die das Wappen der Äbtissin Maria Elisabeth von Schleswig-Gottorp (1718-1755) halten.

Als eine prunkvolle und stark farbige Architekturkulisse tritt der Kanzelaltar hervor. Er wurde nach einem Entwurf des anhaltinischen Landbaumeisters Johann Heinrich Hoffmann von dem einheimischen Bildhauer Johann Wilhelm Kunze und den Malern Gottfried Sommer und Heinrich Erdmann Riese 1721 bis 1723 geschaffen.

Aus dem früheren Bau stammt das Epitaph für den Stiftshauptmann Hans von Wulffen, links vom Altar. Es ist eine der damals üblichen Serienproduktionen, die sich allerdings mit ihrer unbeholfenen Starre der Figuren als wenig bedeutsame Arbeit verrät. Hans von Wulffen hatte sich in kaiserlichen Diensten auf europäischen Schlachtfeldern mit Türken und Franzosen herumgeschlagen und war als kursächsischer Feldhauptmann in den Kriegen der Reformationszeit 1550, 1553 und 1567 durch Deutschland gezogen. 1539 war auch die Blasiikirche evangelische Pfarrkirche geworden. Nachdem die SS die Stiftskirche okkupiert hatte, fand deren Kirchengemeinde von 1938 bis zum Ende des Zweiten Weltkrieges in St. Blasii eine neue Heimstatt. In den folgenden Jahren nahm die Zahl der Kirchenmitglieder weiter ab, und für die ohnehin zusammengefaßten Gemeinden der Marktkirche und der Blasiikirche waren zwei Gotteshäuser nicht mehr finanzierbar. St. Benedikti wurde zur Pfarrkirche für beide Gemeinden, während die Blasiikirche ab 1952 leerstand. Auch die nötigsten Reparaturen konnten den Verfall nicht stoppen. Aus Mitteln der Deutschen Stiftung Denkmalpflege erfolgte nach der Wende eine umfassende Instandsetzung und Restaurierung dieses Baudenkmals.

Chor mit Barock-Altar

St. Nikolai

Pölkenstraße mit Nikolaikirche

Die gewaltigen, zweiundsiebzig Meter hohen Türme der St. Nikolaikirche überragen alle anderen Türme der Stadt und bilden damit eine weithin sichtbare Landmarke. Mit dem Neubau der Pfarrkirche der „nova civitas", der Neustadt, wurde 1201 begonnen. An ein kleines Vorgänger-Kirchlein erinnern nur Reste. Die Winnigsted'sche Chronik berichtet: „...1201 ist die Kirche S. Nicolai in der Neustadt von den Bürgern, die zwey Thürme aber von einem reichen Schäfer zu bauen angefangen worden. Das Fundament ist auf Ellernblöcke gelegt und bis auf das oberste Gesims von ihm vollendet worden." Ellernblöcke (niederdeutsch) sind in den morastigen Untergrund gerammte Erlenstämme. Der Hinweis auf den reichen Schäfer erklärt übrigens, warum die Kirche heute noch im Volksmund Schäferkirche genannt wird. Erst um 1270 war die Basilika mit außergewöhnlich hohen Seitenschiffen und flachen Holzdecken fertig. Als im Laufe des 14. Jahrhunderts Gewölbebau und Hallenkirche in Mode kamen, entschloß man sich, das Mittelschiff wieder niedriger zu machen. Nachdem das Langhaus fertig war, ging es mit dem Chor weiter, doch nun stimmte das architektonische Verhältnis der Bauteile zueinander nicht mehr. Durch falsche Gewölbe und andere Tricks versuchte man, dies zu vertuschen. Im Einklang zueinander stehen nur die beiden Türme mit ihren spätromanischen Unter- und den gotischen Obergeschossen. Wiederholt mußten die Helme der Türme nach Sturm-

Ausräumen des Kerkers viele menschliche Gebeine gefunden haben.

Seit nunmehr vier Generationen befindet sich der Schreckensdüvel in Privatbesitz. Als im 18. Jahrhundert Wohnungen ausgebaut wurden, vergrößerte man auch die Fenster. Ursprünglich gab es nur schmale offene Doppelfenster mit Kleeblattbogen, die durch einen mit Kehlen profilierten Pfeiler getrennt waren (Biforiumsfenster). Trotz mehrfacher Umbauten blieben bis heute alte Balken und Teile des mittelalterlichen Bodenbelages original erhalten. Nach erneuter Restaurierung und umfassender Sanierung beherbergt der alte Turm jetzt ein Feriendomizil für einen Urlaub ganz ungewöhnlicher Art.

Das städtische Verteidigungssystem wurde durch eine ausgeklügelte Anlage von Feldwarten ergänzt. Sie ermöglichte gleichermaßen, die ausgedehnte Feldflur zu schützen und frühzeitig vor herannahenden kriegerischen Feinden zu warnen. Die Feldmark begrenzten sogenannte Malbäume, Birnbäume oder Eichen mit eingebrannten Kreuzen. Ab dem 16. Jahrhundert wurden sie durch Grenzsteine ersetzt. Die Grenze der Quedlinburger Feldflur zog sich über rund 42 Kilometer durch hügeliges, schwer überschaubares Gelände.

Von den einst elf Warttürmen sind heute noch sechs erhalten, einige als Aussichtsturm, mit einer Höhe von acht bis 16 Metern.

Schreckensturm

Der Eingang in etwa drei bis fünf Meter Höhe war nur mit einer Leiter erreichbar. Nachrichten wurden als Rauch- oder Lichtzeichen, vielleicht auch mit Fähnchen von Turm zu Turm übermittelt. Von der Ende des 18. Jahrhunderts abgerissenen Hamwarte hatte der Wächter zu allen anderen Warten und dem Türmer auf der Marktkirche Sichtkontakt.

Blankenburg
Wienrode
Schulmeisterberg
236
Timmenrode
Quedlinburg
GBf
258
Benneckenrode
Thale
Quedlinburg / Gernrode
Hasselfelde
Eschenberg
402
Tappenstieg
Pfennigscheißer
356
Krugberg
281
Krugberg
Möncheköpfe
396
GBf
Hüttenmuseum
383
Steinköpfe
446
Baukenberg
364
425
Hasenteich
Zimmermannshai
Roßtrappe
Todtenrode
Bode-kessel
Roßtrappen-felsen
Walpurgishalle
Waldkater
Hexen-tanzplatz
Harzer Bergtheater
Hüttenberg
440
Tresewege
Prinzen-sicht
Hirschgrund
Harz-Bob
Gewitter-klippen
Birkenholz
Geologischer Lehrpfad
Altenbrak
Freilichtbühne
385
352
Bode
La Viershöhe
479
Rabenstein
436
Riefen
314
Brummerhals
NSG
Kästenbach
388
286
Treseburg
Hagedornsberg
Dambach
Falken-klippe
343
Pfeil-Denkmal
Wildstein
Weißer Hirsch
414
Dambachhaus
Birkenkopf
497
Großes Schreckental
277
419
Wildstein
429
Rennstieg
Steinköpfe
508
Ohrental
Dreieckiger Stein
504
Bossleich
Tiefenbach
Steinbach
395
512
Wiederteuferei
457
Winde
Windenhütte
343
Rabental
388
Adlereiche
Friedrichs-brunn
Keller-born
485
468
Luppbode
Mühlberg
519
441
Brumshals
471
Stiege / Hasselfelde
Steinhornsbach
446
504
409
Allrode
Gr. Uhlenbach
481
470
Krugberg
Güntersberge
Güntersberge

Thale
Neinstedt
Quedlinburg
Bückeberg
250
Stecklenberg
393
Glockenstein
Ruine Stecklenburg
Bad Suderode
Neue Schenke
Gernrode
Bf Gernrode
Ballenstedt
Vorburg der Lauenburg
Ruine Lauenburg
Paracelsus-Klinik
Kurzentrum
Preußen-Turm
Stiftskirche St. Cyriakus
Osterberg
258
Winterklippen
Wolfsbergblick
Wurmbach
438
Roter Steiger
412
Preußischer Salstein
Anhaltischer Salstein
393
Kaltes Tal
Heckenrosenweg
Steinbach
Spinne
460
Haferfeld
Heiliger Teich
363
Neuer Teich
Schutzhüttenweg
435
Hp Sternhaus/ Haferfeld
Friedrichsbrunn
587
446
411
Sternhaus
Hp Sternhaus/ Ramberg
Spiegelshof
Bremer Teich
414
Viktorshöhe
581
Ballenstedt
185
551
Bärendenkmal
529
Bergrat-Müller-Teich
Bärenweg
Krebsbach
389
522
Ruine Erichsburg
Ruine Heinrichsburg
Waldfrieden
Mägdesprung
Bf Mägdesprung
Erster Hammer
Dritter Hammer
Zweiter Hammer
488
Jagdhausbach
Bernburger Weg
Hp Drahtzug
Stahlhammer
491
Friedenstalbach
Magdtrappe
457
Wasserfall
NSG
Klostermühle
Hagenrode
411
242
Alexisbad
Kapellenweg
Uhlenbach
417
Bf Alexisbad
Hänichen
381
Kronsberg
423
Harzgerode
Bf Harzgerode
elde
Straßberg
242

Herr Heinrich sitzt am Vogelherd

Ballade von Johann Nepomuk Vogl (1802-1866)

1. Herr Heinrich sitzt am Vogelherd
Recht froh und wohlgemut.
Aus tausend Perlen blinkt und blitzt
Der Morgensonne Glut.

2. In Wies‘ und Feld, in Wald und Au,
erhebt sich süßer Schall!
Der Lerche Sang, der Wachtel Schlag,
die süße Nachtigall.

3. Herr Heinrich schaut so fröhlich drein:
„Wie schön ist heut die Welt!
Was gilt‘s?
Heut gibt‘s ‘nen guten Fang!“
Er lugt zum Himmelszelt.

4. Er lauscht sich von der Stirn das
blondgelockte Haar.
„Ei doch, was sprengt denn dort herauf
für eine Reiterschar?“

5. Der Staub wallt auf,
der Hufschlag dröhnt,
es naht der Waffen Klang.
„Daß Gott! Die Herrn verderben mir
den ganzen Vogelfang!“
„Ei nun, was gibt‘s? – Es hält der Troß
vorm Herzog plötzlich an.
Herr Heinrich tritt hervor und spricht:
„Wen sucht ihr da? Sagt an!“

6. Da schwenken sie die Fähnlein bunt
Und jauchzen: „Unsern Herrn!
Hoch lebe Kaiser Heinrich, hoch
Des Sachsenlandes Stern!“

7. Dies rufend, knien sie vor ihn hin
Und huldigen ihm still
Und rufen, als er staunend fragt:
„‘s ist‘s deutschen Reiches Will!“

8. Da blickt Herr Heinrich tief bewegt
Hinauf zum Himmelszelt:
„Du gabst mir einen guten Fang!
Herr Gott, wie Dir‘s gefällt.“

Fototips

Fotografieren in Quedlinburg macht besonderen Spaß, ist aber oft auch besonders schwierig und verlangt Geduld.

Die **Stiftskirche St. Servatii** läßt sich gut in den Vormittagsstunden ablichten, wenn man Wert auf eine Darstellung der gesamten Anlage legt und nicht nur den Westbau, sondern auch Langhaus, Querschiff und Chor auf ein Bild bekommen möchte. Die Kaiser-Otto-Straße sei als Aufnahmestandort hierfür empfohlen. Eine reizvolle Ansicht bietet die Stiftskirche besonders im Frühling aus der Ferne, wenn die Felder im Süden der Stadt farbenfroh blühen. Von der Landstraße nach Gernrode aus läßt sich dieses Motiv festhalten, ebenfalls am Vormittag.

Will man mehr vom **Schloß** im Sucher haben, ist ein Standort weiter im Westen erforderlich. Geradezu klassisch ist inzwischen die Ansicht vom Münzenberg hinüber zum Burgberg. Von hier fängt man den Blick zu den reizvollsten Schloßgebäuden ein, die von den Westtürmen der Stiftskirche überragt werden. Allerdings muß man für eine gute Beleuchtung auf den Nachmittag warten.

Das **Klopstockhaus** gehört zu den wenigen Sehenswürdigkeiten, die beinahe den ganzen Tag zum einen in günstigem Licht und zum anderen an einem relativ weitläufigen Platz liegen und damit am wenigsten Probleme aufwerfen.

Anders ist es beim **Finkenherd** gleich um die Ecke. Zwar läßt sich die kleine Häuserzeile auch von Westen her ablichten, also mit dem oberen Teil (rote Fassade) im Vordergrund, doch die Ansicht von Osten (gelbe Fassade mit spitzem Giebel) gilt bei Fans als Muß-Fotomotiv. Hier ist jedoch den ganzen Tag über ein je nach Tageszeit mehr oder minder gemeines Gegenlicht zu überlisten. Bei Kameras mit automatischer Belichtung muß also unbedingt eine Korrektur vorgenommen werden, da das Gerät sonst viel zu viel Licht mißt und das eigentliche Objekt der fotografischen Begierde in Finsternis taucht. Den gleißend-weißen Gegenlichthimmel wird man allein mit Tricks bei der Aufnahme jedoch nicht in strahlendes Blau verwandeln können.

In den engen Gassen der Altstadt sollte man – geht es einem nicht ausschließlich um ein einziges Haus – ohne Rücksicht auf Licht einfach losgehen. Jedes dritte Haus wird schon in halbwegs günstigem Licht liegen. Durch die verwinkelten und teils im Bogen verlaufenden Straßen läßt sich in Sachen Lichteinfall nicht viel vorwegberechnen und manche Fassaden sind nur kurze Zeit am Tag auf der Sonnenseite des Lebens.

Die zahllosen **Fachwerkhäuser** aus mehreren Jahrhunderten bieten eine wahre Schatztruhe für den Freund des versteckten Details. Inschriften, Reliefs, Masken, Knaggen, Rosetten, verzierte Balkenköpfe und vieles mehr laden zur Entdeckungsreise im Nahbereich ein. Und was für die Großaufnahmen der Fachwerkhäuser Gift ist, wirkt sich für Details vorteilhaft aus, denn diese Ausschnitte werden besonders plastisch wiedergegeben, wenn das Licht von der Seite einfällt. Andere wiederum entfalten ihre Schönheit am besten in der gleichmäßigen Beleuchtung eines Schattens.

Das **Rathaus** liegt am frühen Morgen und am späten Nachmittag in gutem Sommersonnenlicht. Platz ist hier auch ausnahmsweise genug, es sei denn, man hält sich gerade an einem Tag in Quedlinburg auf, an dem Markttreiben herrscht und eine wilde Ansammlung verschiedenster Buden den gesamten Platz verstellt. In diesem Fall hilft nur eines: wiederkommen!

Der **Ständerbau** in der Wordgasse ist ab Mittag von Westen her gut beleuchtet, eine andere Perspektive lohnt sich hier wohl nicht. Der Platz im Rücken reicht für das Normalobjektiv gerade aus.

Die Enge in den Gassen oder auf den Kirchhöfen ist das größte Problem. Auch wenn es manchmal geradezu unpassend ist, wird sich ein geringbrennweitiges Weitwinkelobjektiv (Kleinbild mindestens 35 mm; Mittelformat wenigstens 50 mm) kaum vermeiden lassen, will man sich nicht ausschließlich auf Details beschränken.

Wenig Gestaltungsmöglichkeiten bleiben dem Fotografen bei der **Marktkirche**, die man vom engen Kirchhof nur mit verzerrendem Weitwinkel ins Bild bekommt. Es empfiehlt sich hier, weiter zurückzugehen und vielleicht vom Markt aus zu fotografieren.

Von den Kirchen der Stadt treibt wohl besonders **St. Blasii** den Blutdruck des Fotografen in die Höhe, da man um sie herumlaufen und nach dem besten Blick suchen kann, wie man will. Von ebener Erde gibt es eigentlich nur ungünstige Standorte. Von diesen ist aber der von der Blasiistraße aus Richtung Hohe Straße wohl der beste. Und man sollte im zeitigen Frühjahr den Auslöser betätigen, da dann die umstehenden großen Laubbäume noch etwas vom barocken Kirchenschiff durchscheinen lassen. Die Sonne steht hier ab Vormittag günstig.

Wem die imposanten 72 Meter hohen Westtürme der **Nikolaikirche** genügen, kann am frühen Morgen vom Steinweg aus mit dem Mathildenbrunnen im Vordergrund oder ab Mittag aus größerer Entfernung (westlicher Teil der Pölkenstraße) die Kamera in Position bringen. Das Kirchenschiff ist so allerdings nicht zu sehen.

Gute Fotos von der **Wipertikirche** gelingen nur während der Öffnungszeiten, denn von der sonnenbeschienenen Südseite wird man durch eine alte Mauer getrennt, die zwar ein schmiedeeisernes Tor hat, aber dieses ist außerhalb der Öffnungszeiten normalerweise verschlossen. Auf dem Gelände findet man schnell eine Position, um zufriedenstellende Aufnahmen vom gotischen Chor und vom romanischen Portal der ehemaligen Marienkirche vom Münzenberg zu machen.

Hotels/Pensionen

Hotel „Zur Goldenen Sonne“
Steinweg 10/11
Tel.: (03946) 96250, Fax: (03946) 962530
Alle Zimmer (50 Betten, Doppel-, Einzelzimmer, Suite) mit Dusche/WC/TV/Tel.
Restaurant, Parkmöglichkeit

Hotel „Zum Bär“
Markt 8/9
Tel.: (03946) 7770, Fax: (03946) 700268
Alle Zimmer (102 Betten, Doppel-, Einzelzimmer) mit Dusche/WC/TV/Tel.
Restaurant, Konferenzraum
Parkmöglichkeit

Ringhotel „Schlossmühle“
Kaiser-Otto-Straße 28
Tel.: (03946) 7870, Fax: (03946) 787499
Alle Zimmer (128 Betten, Doppel-, Einzelzimmer, Suiten, 2 behindertengerechte Zimmer) mit Dusche/WC/TV/Tel.
Restaurant, Parkmöglichkeit, Sauna, Whirlpool, Konferenzraum (150 Personen), Lift

Parkhotel und Ferienanlage „Otto III.“
Family Club Harz
Westerhäuser Straße 43
Tel.: (03946) 77220, Fax: (03946) 772222
Alle Zimmer (60 Betten, Doppelzimmer auch als Einzelzimmer nutzbar; 12 Ferienhäuser, 3 Ferienwohnungen) mit Dusche/WC/TV/Tel.
Restaurant, Konferenzraum, Parkmöglichkeit, Schwimmbad, Sauna und Solarium, Tennisplatz, Kinderbetreuung, Streichelzoo

Romantik Hotel „Theophano“
Markt 13/14
Tel.: (03946) 96300, Fax: (03946) 963036
Alle Zimmer (43 Betten, Doppel-, Einzel-, Dreibettzimmer) mit Dusche/WC/TV/Tel.
Weinkeller, Garagen, Konferenzraum

Hotel „Zum Brauhaus“
Carl-Ritter-Straße 1
Tel.: (03946) 901481, Fax: (03946) 901483
Alle Zimmer (43 Betten) mit Dusche/WC/TV/Tel.; Restaurant, Parkmöglichkeit

Romantik Hotel „Am Brühl“
Billungstraße 11
Tel.: (03946) 96180, Fax: (03946) 9618246
Alle Zimmer (90 Betten, Doppel-, Einzelzimmer, Appartement) mit Dusche/WC/TV/Tel.
Lift, Garagen, Sauna, Weinstube
Konferenzraum

Schlosshotel „Zum Markgrafen“
Wallstraße 96
Tel.: (03946) 81140, Fax: (03946) 811444
12 Zimmer mit Dusche oder Bad/WC/TV
Parkmöglichkeit, Whirlpool, Sauna, Parkanlage, Aussichtsturm

Hotel „Quedlinburger Hof“
Harzweg 1
Tel.: (03946) 77870, Fax: (03946) 778719
Alle Zimmer (24 Doppel-, 7 Einzelzimmer) mit Dusche/WC/TV/Radio
Parkmöglichkeit

Hotel ACRON Quedlinburg
Gartenstraße 44 a
Tel.: (03946) 77020, Fax: (03946) 770230
Alle Zimmer (128 Betten, Doppelzimmer auch als Einzelzimmer) mit Dusche/WC/TV/Tel.
2 behindertengerechte Zimmer
Konferenzraum, Parkmöglichkeit

Hotel Quedlinburger Stadtschloss „Hagensches Freihaus“
Bockstraße 6 / Klink 11
Tel.: (03946) 771131, Fax: (03946) 771135
42 Doppelzimmer, 1 Einzelzimmer, 1 Suite
3 Konferenzräume, Wellness- und Beautybereich

Hotel garni „Am Dippeplatz“
Breite Straße 16
Tel.: (03946) 77140, Fax: (03946) 771447
Alle Zimmer (24 Betten, Doppel-, Einzelzimmer) mit Dusche/WC/TV/Tel.
Parkmöglichkeit

Hotel garni „Domschatz“
Mühlenstraße 20
Tel.: (03946) 705270, Fax: (03946) 705271
Alle Zimmer (28 Betten, Doppel-, Einzel-, Dreibettzimmer) mit Dusche/WC/TV/Tel.
Parkmöglichkeit

Hotel garni „Im Propstei Vorwerk“
Im Wasserwinkel 1a
Tel.: (03946) 811696, Fax: (03946) 811716
Alle Zimmer (11 Doppel-, 2 Einzelzimmer, 5 Suiten) mit Dusche/WC/TV
Frühstücksbüffet, Parkmöglichkeit

Hotel „Dorothea Christiane Erxleben“
Steinweg 51
Tel.: (03946) 90790, Fax: (03946) 907910
6 Doppel- und 1 Einzelzimmer mit Dusche/WC/TV/Radio, 2 Fewo, Parkmöglichkeit

Hotel am Hoken
Hoken 3; Tel./Fax: (03946) 701614
6 Doppel- und 1 Einzelzimmer, 2 Fewo, Frühstück, Parkmöglichkeit, Konferenzraum (20 Personen), direkt im Altstadtzentrum

Hotel-Pension „Ingrid“
Weberstraße 30
Tel.: (03946) 2807, Fax: (03946) 525584
52 Betten (Doppel-, Einzel- und Mehrbettzimmer); Dusche/WC
Parkmöglichkeit, Kellerbar, Restaurant

Pension „Weingart“
Friedrich-Jahn-Straße 27
Tel./Fax: (03946) 8617
Alle Zimmer (15 Betten, Doppel-, Einzelzimmer, Suite) mit Dusche/WC/TV
Parkmöglichkeit

Hotel-Pension „Am Stadtwall“
Hohe Straße 28
Tel.: (03946) 918894; Fax: (03946) 2335
9 Zimmer mit Dusche/WC/TV; Frühstück
Parkmöglichkeit

Pension „Zum Altstadtwinkel“
Hohe Straße 15
Tel.: (03946) 919975, Fax: (03946) 919973
6 Doppel-, 2 Einzelzimmer, 1 App., 1 Fewo
Frühstück, Parkmöglichkeit

Gasthaus „Zum Goldenen Ring“
Neuer Weg 1
Tel.: (03946) 2266, Fax: 701208
Alle Zimmer (26 Betten, Doppel-, Einzel-, Vierbettzimmer) mit Dusche/WC/TV
Restaurant, Parkmöglichkeit

„Gästehaus Sperling“
Steinweg 70; Tel./Fax: (03946) 709937
3 Doppelzimmer mit Aufbettung, Dusche/WC/TV; Frühstück, Haustiere erlaubt
Parkmöglichkeit

Gasthaus und Pension Hesse
Weberstraße 14; Tel.: (03946) 3590
4 Doppelzimmer mit Dusche/WC/TV/Tel.
Hunde erlaubt, Restaurant, Parkplätze

Pension „Engelhardt“
Weberstraße 24
Tel.: (03946) 705407; Fax: (03946) 915749
10 Zimmer mit Dusche/WC/TV; Frühstück
Parkmöglichkeit

Pension Biehl
Blankenburger Straße 39
Tel./Fax: (03946) 703538
5 Zimmer (Einzel-, Doppel- und Mehrbettzimmer), Suite, Fewo, Ferienhaus

Gästhaus Toepke
Weststraße 13; Tel./Fax: (03946) 708166
2 Doppel- und 1 Einzelzimmer, Fewo
Frühstück

Quedlinburg-Information

Quedlinburg-Tourismus-Marketing GmbH
Markt 2, 06484 Quedlinburg
Tel. (03946) 905-624 und 905-625
Fax: (03946) 905-629
Email: qtm@quedlinburg.de
internet: www.quedlinburg.de
Öffnungszeiten:
Mai bis September Mo bis Fr 9 - 19, Sa 10 - 16, So 10 - 15 Uhr; Oktober bis April Mo bis Fr 9.30 - 18, Sa 10 - 14 Uhr; Sonderregelungen an Feiertagen und im Advent

Die Quedlinburg-Information bietet ganzjährig **individuelle Stadtführungen** (1,5 - 2 Stunden) an zu einem Gesamtpreis von 50 Euro bis zu einer Gruppenstärke von 20 Personen. Jeder weitere Teilnehmer zahlt 2,50 Euro. Schüler bzw. Studenten zahlen jeweils die Hälfte.

Zu **öffentlichen Stadtführungen** (1,5 - 2 Stunden) kann man sich von April bis Oktober täglich um 10 und 14 Uhr sowie von November bis März täglich um 14 Uhr am Markt 2 einfinden. Hier muß jeder Teilnehmer 4 Euro (Kinder von 6 - 14 Jahren 1,50 bzw. 1 Euro Ermäßigung) bezahlen.

Ferner sind ganzjährig (nach Vereinbarung) im Angebot:
Stadtführungen kombiniert mit dem Besuch von

- **Schloßmuseum**
- **Wipertikirche**
- **Fachwerkmuseum** (außer Do)

Während der **Nachtwächterführung** (1,5 Stunden) wird Quedlinburg zu später Stunde gemeinsam mit einem Nachtwächter erkundet. Dieses Angebot steht von April bis Oktober Mi bis Sa um 20.30 Uhr sowie im Dezember Fr und Sa um 18 Uhr.

Treffpunkt für alle Führungen: Markt 2

Museen

Schloßmuseum
Schloßberg 1
Tel.: (03946) 2730
Öffnungszeiten: April bis Oktober 10 - 18 Uhr, November bis März 10 - 16 Uhr
am 24.12./25.12./31.12./1.1. geschlossen

Museum Klopstockhaus
Schloßberg 12
Tel.: (03946) 2610
Öffnungszeiten: April bis Oktober Di bis So 10 - 17 Uhr, November bis März Di bis So 10 - 16 Uhr, montags und am 24.12./25.12./31.12./1.1. geschlossen

Fachwerkmuseum „Ständerbau“
Wordgasse 3; Tel.: (03946) 3828
Öffnungszeiten: April bis Oktober Fr bis Mi 10 - 17 Uhr, November bis März Fr bis Mi 10 - 16 Uhr, donnerstags und am 24.12./25.12./31.12./1.1. geschlossen

Museum für Glasmalerei und Kunsthandwerk
Word 28; Tel.: (03946) 810653
Öffnungszeiten:
Mai bis Oktober täglich 10 - 17 Uhr

Theater

Nordharzer Städtebundtheater
Theaterkasse Quedlinburg
Marschlinger Hof 17/18
Tel.: (03946) 962222, Fax: (03946) 962220
Verwaltung Tel.: (03946) 9622-0
Das Große Haus verfügt über 284 Plätze und die Neue Bühne über 99 Plätze.
Repertoire: Oper, Operette, Musical, Ballett und Schauspiel

Öffnungszeiten Theaterkasse:
Mo bis Fr 10 - 17, Sa 9 - 12 Uhr
Karten-Vorverkauf auch in der Quedlinburg-Information

Kirchen

Stiftskirche St. Servatii und Domschatz
Schloßberg 9
Tel.: (03946) 709900, Fax (03946) 3552
Öffnungszeiten:
Mai bis Oktober Di bis Sa 10 - 17.30, So und Feiertag 12 - 17.30 Uhr, November bis März Di bis Sa 10 - 15.30, So und Feiertag 12 - 15.30 Uhr, April Di bis Sa 10 - 16.30, So und Feiertag 12 - 16.30 Uhr
Führungen: Di bis Sa 11, 13 und 15 Uhr, So und Feiertag 13 und 15 Uhr

St.-Wiperti-Kirche
Wipertistraße
Öffnungszeiten:
Mai bis Oktober täglich 10 - 12 Uhr und 14 - 17 Uhr
Führungen können im katholischen Pfarramt unter Tel. (03946) 915082 oder in der Quedlinburg-Information unter Tel. (03946) 905625 angemeldet werden.

Pfarrkirche St. Benediktii (Marktkirche)
Bockstraße
Tel.: (03946) 3195
Öffnungszeiten:
Mai bis Oktober Mo bis Sa 10 - 12 und 13 - 17 Uhr, So 13 - 17 Uhr

St.-Blasii-Kirche
Blasiistraße
Tel.: (03946) 905666
Öffnungszeiten:
April bis Oktober täglich 10 - 17 Uhr, Do geschlossen

Pfarrkirche St. Nikolai
Steinweg 67
Tel.: (03946) 703683
nur gelegentliche Öffnungszeiten

Pfarrkirche St. Ägidii
Neuendorf 28
keine Öffnungszeiten

Galerien

Lyonel-Feininger-Galerie
Finkenherd 5a
Tel.: (03946) 2238
Öffnungszeiten:
April bis Oktober Di bis So 10 - 18 Uhr, November bis März Di bis So 10 - 17 Uhr, letzter Einlaß 30 Minuten vor Schließung
Mo und am 24.12/31.12./1.1. geschlossen

Galerie im Kunsthoken
Marktstraße 2
Tel.: (03946) 9713
nur gelegentliche Öffnungszeiten

Galerie 7Kunst
Marktstraße 7
Tel.: (03946) 514190
Öffnungszeiten:
Mo bis Fr 10 - 18, Sa 10 - 16 Uhr

Galerie Areal B
Bahnhofsplatz
Tel.: 0171-6953344
Öffnungszeiten nach Vereinbarung

Öffentliche Einrichtungen

Klinikum
Ditfurter Weg 24; Tel.: (03946) 9090

Polizei
Schillerstraße 3; Tel.: (03946) 9770

Stadt- und Kreisbibliothek
Mummental 2; Tel.: (03946) 76285

Landratsamt
Heiligegeiststraße 7; Tel.: (03946) 760

Stadtverwaltung
Markt 1; Tel.: (03946) 90550

Hauptpostamt
Bahnhofstraße 15; Tel.: (03946) 961024

Rund um den Marktplatz

Schloßparkplatz – Altetopfstraße – Carl-Ritter-Straße – Steinbrücke – Mühlgraben – Ständerbau – Blasiikirche – Marktplatz – Marktstraße – Marktkirche – Schmale Straße – Schreckensturm – Heidfeldstraße – Ägidiikirche – Hagensches Freihaus – Mummentalplatz – Hölle/Pölle/Stieg – Schuhhof – Markt – Blasiistraße – Altetopfstraße – Schloßparkplatz

Günstigster Ausgangspunkt ist der neue Schloßparkplatz. Von hier geht man am besten durch die Altetopfstraße in Richtung Steinbrücke, rechter Hand liegt der Wordgarten. An der Steinbrücke nach links führt die Straße vorbei an liebevoll restaurierten Fachwerkhäusern bis zum Mühlgraben. Wenn man sich nach dem Überschreiten des Mühlgrabens wiederum links hält, ist nach wenigen Schritten das Fachwerkmuseum im Ständerbau Wordgasse 3 erreicht.

Von hier ist es nicht weit bis zur Blasiikirche, einfach durch die enge Gasse hindurch. Zum Markt gelangt man nach rechts, auf der Blasiistraße. Auftakt zum Markt bildet hier das Haus Markt 8, das Hotel „Zum Bär“. Es wurde 1618 erstmals erwähnt. Krönender Abschluß vom Markt ist das Rathaus.

Auf der linken Seite, an der Ecke Hohe Straße/Markt 13/14, birgt das Lohgerber-Gildehaus, unlängst liebevoll restauriert, heute ein entzückend eingerichtetes Hotel. Auf der rechten Seite, an der Einmündung zur Breiten Straße steht das Grünhagenhaus von 1701. Im Erdgeschoß befindet sich die Quedlinburg-Information. Von dort kommend, das Rathaus rechts liegenlassend, vorbei am Hoken, erreicht man die Marktstraße mit den Häusern Nr. 2 (Kunsthoken) und Nr. 5 (Schneemelcherhaus). Rechts befinden sich die Marktkirche und der Marktkirchhof mit dem Stadtpfeiferhaus.

Die Marktstraße geradeaus weiter führt zur Schmalen Straße, rechter Hand liegt der Kornmarkt. Am Anfang der Schmalen Straße stehen Neubauten des Typs HBM (Q). An der Ecke Goldstraße geht es nach links bis zum Schreckensturm und hier rechts weiter an den Resten der alten Stadtbefestigung entlang die Heidfeldstraße hinauf bis zum Ägidiikirchhof mit der Ägidiikirche. Danach führt der Weg über die Schmale Straße und durch die Dovestraße nach rechts in die Breite Straße bis zur Bockstraße.

Am Ende der Bockstraße linker Hand steht das Hagensche Freihaus. Von hier empfiehlt es sich, nach rechts in die Pölle abzubiegen und bis zum Mummentalplatz zu gehen, auf dem das Denkmal für Johann Christoph Friedrich GutsMuths steht. Rechts erblickt man sein Geburtshaus Pölle 39 (Gedenktafel).

Weiter geht es durch die Hölle bis zum Stieg. Auf der Ecke Stieg/Hölle befindet sich der Alte Klopstock. Mit Blick zu diesem prächtigen Fachwerkhaus sollte man sich nach links wenden, um nach wenigen Schritten rechts in den Durchgang zum Schuhhof einzubiegen. Über den romantischen Schuhhof gelangt man dann wieder auf den Marktplatz. Von hier wieder durch die Blasiistraße zurück zur Altetopfstraße und zum Schloßparkplatz.

Über den Burgberg zum Münzenberg

Schloßparkplatz – Altetopfstraße – Lange Gasse–Finkenherd–Schloßberg–Münzenberg – Wipertikirche – Brühl – Am Schiffbleek – Wordgarten – Carl-Ritter-Straße – Altetopfstraße – Schloßparkplatz

Bester Ausgangspunkt ist der Schloßparkplatz. Von hier gelangt man nach wenigen Schritten zum Eckhaus Altetopfstraße/ Lange Gasse Nr. 33. Das restaurierte Gebäude wurde 1623 errichtet und diente einst als Gasthof und Ausspann. Weiter führt der Weg in die Lange Gasse und dann rechter Hand bis zum sagenumwobenen Finkenherd. Hier befindet sich auch die Lyonel-Feininger-Galerie, in der seit 1986 Aquarelle, Zeichnungen und Druckgraphik des berühmten Bauhaus-Künstlers präsentiert werden.
Nicht weit davon – am Schloßberg 12 – steht das Klopstockhaus (Museum). Auf der gegenüberliegenden Seite führt eine kleine Treppe zum Burgaufgang. Nach kurzem Aufstieg über nostalgisches Kopfsteinpflaster steht man nach dem Passieren des trutzigen Burgtores vor der Stiftskirche St. Servatii. Linker Hand liegen die alte Stiftshauptmannei und das Jägerhaus, heute als „Schloßkrug am Dom" genutzt, rechts das Renaissanceschloß mit Schloßmuseum. Auf der östlichen Burgspitze findet sich der liebevoll gepflegte Äbtissinnen- und Propsteigarten. Von hier bietet sich ein wunderschöner Blick auf die Dächer und Türme des tausendjährigen Quedlinburgs.
Nach der Besichtigung der Stiftskirche mit dem berühmten Domschatz (letzterer ausschließlich mit Führung) und des Schloßmuseums empfiehlt es sich, den Rundgang durch die Rittergasse und Mühlenstraße in Richtung Münzenberg fortzusetzen. Ein Aufstieg lohnt sich, und die Mühe wird auch hier mit einem herrlichen Rundblick auf den Burgberg, das vieltürmige Quedlinburg und das Harzvorland entschädigt. Vom Münzenberg kommt man entlang der vielbefahrenen Wipertistraße (B 79) zur Wipertikirche mit Krypta.
Nach dem Verlassen des Wipertifriedhofs führt der Weg nach links in die Wipertistraße bis zur Brühlstraße. Über ihr Kopfsteinpflaster erreicht man eine kleine Brücke, die den Mühlgraben überquert. Nach wenigen Schritten ist man am Brühl. Linker Hand befindet sich übrigens das Gelände des alten Abteigartens, im Hintergrund ist wieder der Burgberg mit der Stiftskirche zu sehen. Bei einem Spaziergang im Brühlgarten können das Klopstockdenkmal und das im Stil der Neugotik erbaute Denkmal für Carl Ritter besichtigt werden.
Die Bode zur Rechten kommt man in der Brühlstraße an einer Stele vorbei, welche an das Hochwasser von 1925 erinnert. An der Schiffbleekbrücke ist das 1881 eröffnete Wasserwerk, ein Klinkerbau, zu bewundern. Der kürzeste Weg zurück zum Ausgangspunkt führt durch die Straße Am Schiffbleek und dann rechts durch den Wordgarten zur Carl-Ritter-Straße. Durch die Altetopfstraße geht es zum Schloßparkplatz.

In der Neustadt

Schloßparkplatz – Zwischen den Städten (Hagensches Freihaus) – Steinweg – Mathildenbrunnen – Nikolaikirche – Kaplanei – Pölkenstraße – Steinweg – Pölle

Vom Schloßparkplatz zunächst den im ersten Rundgang beschriebenen Weg bis zum Hagenschen Freihaus nehmen, hier geht es geradeaus über den Mühlgraben. Dieser Ort heißt Zwischen den Städten,

links befindet sich das St.-Annen-Hospital. Auf dem Steinweg kommt man zur Einmündung Pölkenstraße.
Rechts steht der Mathildenbrunnen, dessen Platz bis 1890 das Neustädter Rathaus einnahm. Gegenüber dem Brunnen erhebt sich das Haus „Zur Goldenen Sonne", Steinweg 11 (heute Hotel). An der Ecke Steinweg/ Reichenstraße steht das Fachwerkhaus „Zur Börse", 1683 von dem Zimmermeister Andreas Besen errichtet.
Schräg gegenüber, mit Blickrichtung zur Nikolaikirche, wurde 1673 das Fachwerkhaus Steinweg 68 errichtet. Daneben befindet sich die Küsterei von St. Nikolai. Der schmale Durchgang führt direkt zum Neustädter Kirchhof und zur Nikolaikirche. Über die Straße Konvent gelangt man zur Kaplanei. Rechts im Haus Nr. 10 wohnte Deutschlands erste promovierte Ärztin, Dorothea Christiane Erxleben (Gedenktafel). Rechts in die Pölkenstraße einbiegend, erreicht man wieder den Mathildenbrunnen und den Steinweg. Am Hagenschen Freihaus kann man in die Pölle abbiegen und seinen Weg, wie im ersten Rundgang beschrieben, fortsetzen.
Bei einem Spaziergang durch die Altstadt von Quedlinburg empfiehlt es sich auf jeden Fall, bequemes Schuhwerk anzuziehen, da der Weg meist über Kopfsteinpflaster führt.

Verkehrsverbindungen

Nach Quedlinburg gelangt man wohl am einfachsten mit dem **Pkw**, und in Quedlinburg benutzt man dann am besten nur Schusters Rappen zur Fortbewegung. Wer sich für diese Variante entscheidet, erspart sich die Parkplatzsuche in den engen Gassen, von denen sehr viele nur im Einbahnverkehr befahrbar sind.
Aus Goslar und Wernigerode nähert man sich der UNESCO-Welterbestadt über die Bundesstraße 6, die inzwischen bis Heimburg (ab 12/04 bis Blankenburg) vierspurig ausgebaut ist. Von Halberstadt führt die Bundesstraße 79 und von Halle und Aschersleben wieder die Bundesstraße 6 heran. Wer aus Magdeburg kommt, biegt am Ortseingang von Kroppenstedt links auf die Landstraße ein, die den kürzesten Weg nach Quedlinburg darstellt. Von Süden nähert man sich beispielsweise aus Harzgerode und Gernrode über zwei parallel verlaufende Landstraßen.
Am einfachsten ist, man folgt nach Ankunft in Quedlinburg der Ausschilderung zum großen Schloßparkplatz. Hier befinden sich auch gesonderte Wohnmobilstellplätze mit Stromanschluß.
Empfehlen kann man aber auch, sein Fahrzeug auf den Parkplätzen Carl-Ritter-Straße, Wallstraße oder An den Fischteichen abzustellen.
Mit der **Eisenbahn** erreicht man Quedlinburg aus Magdeburg kommend bequem ohne Umsteigen. Aus anderen Richtungen plant man eine Anreise am güsntigsten über Halberstadt.
Eine gute Alternative bietet ab Berlin der **BerlinLinienbus**, mit dem Besucher in etwa drei Stunden nach Quedlinburg kommen.
Für Stadtrundfahrten empfiehlt sich eine Fahrt mit der Quedlinburger Bimmelbahn, die ab der Marktstraße verkehrt und in der man sich zu einer intensiven Stadtbesichtigung auf eigene Faust inspirieren lassen kann.

Literatur

AUTORENTEAM: Das Schloßmuseum, Quedlinburg 1989
BETHKE, K.: Auserlesene Quedlinburger Anekdoten
BÖHM, H.: Dorothea Christiane Erxleben, Ihr Leben und Wirken, Quedlinburg 1985
DAS SCHLOSS UND DIE SCHLOSSKIRCHE, Eine historische Skizze, Quedlinburg 1820
KLEEMANN, S.: Führer durch Quedlinburg und Umgegend, Quedlinburg 1912
KORF, W.: Die Pfarrkirchen in Quedlinburg, Berlin 1986
LEOPOLD, G.: Die Stiftskirche zu Quedlinburg, Berlin 1970
LORENZ, H.: Das tausendjährige Quedlinburg, Quedlinburg 1922
LORENZ, H.; KLEEMANN, S.: Quedlinburgische Geschichte, Quedlinburg 1922
MEIER, P. J.: Die Kirchen in Quedlinburg, Burg b. M. 1932
MRUSEK, H.-J.: Romanik, Leipzig 1972
MRUSEK, H.-J.: Drei deutsche Dome, Dresden 1963
MÜLLER, A.: Klopstockmuseum, Quedlinburg 1980
MÜLLER, Heinz.: Quedlinburg, Leipzig 1980
MÜLLER, Horst: Der Quedlinburger Domschatz, Quedlinburg 1993
MÜLLER, Horst: Quedlinburg – Das Tor zum Nordharz, in: Quedlinburger Lesebogen Heft 4, o. J.
PRIESE, G.: Quedlinburg – Das Rathaus, Quedlinburg 1977
RIENÄCKER, Ch.: St. Servatius in Quedlinburg, München, Berlin 1993
RIENÄCKER, Ch.: Die mittelalterlichen Wehranlagen Quedlinburgs, Feldwarten, Quedlinburg, o. J.
SCHAUER, H.-H.: Quedlinburg und seine Fachwerkbauten, Berlin 1990
SPEER, E.: Quedlinburg, Dresden 1958
SPEER, E.: Quedlinburg und seine Kirchen, Berlin 1972
STEINMANN, H.-J.: Quedlinburg, Leipzig 1988

Inhalt

Inhalt

Stadt- und Reiseführer

Marion Schmidt/Thorsten Schmidt
Wernigerode
Ein Führer durch die bunte Stadt am Harz
ISBN 3-928977-08-3 (Euro 5.00)

Kroker/Stöber/Titz-Matuszak
Goslar
Ein Führer durch die alte Stadt der Kaiser, Bürger und Bergleute
ISBN 3-928977-07-5 (Euro 5.00)

Bernhard Heinzelmann
Naumburg
Ein Führer durch die Domstadt
ISBN 3-928977-31-8 (Euro 5.00)

Knape, Wolfgang
Stolberg
Führer durch die Historische Europastadt
ISBN 3-928977-34-2 (Euro 5.00)

Roland Krawulsky
Wittenberg
Ein Führer durch die Lutherstadt
ISBN 3-928977-42-3 (Euro 5.00)

Hans Röper/Thorsten Schmidt
Mit Volldampf durch den Harz
Reisen mit den Harzer Schmalspurbahnen
ISBN 3-928977-60-1 (Euro 5.00)

Marion Schmidt/Thorsten Schmidt
Harz
Ein Führer durch Deutschlands nördlichstes Mittelgebirge
ISBN 3-928977-51-2 (Euro 5.00)

Thorsten Schmidt/Jürgen Korsch
Der Brocken
Berg zwischen Natur und Technik
ISBN 3-928977-59-8 (Euro 5.00)

In Vorbereitung (Frühjahr 2005): **Stadtführer Erfurt** und **Stadtführer Lüneburg**

Kultur- und Kunstreiseführer

Groß/Herlitze/Schmidt
Der Harz
Kunstreiseführer • Wanderführer
Bergwerksführer • Erlebnisführer • Atlas
ISBN 3-928977-48-2 (Euro 10.80)

Günther Herlitze
Wandern im Harz
71 Wanderungen durch das nördlichste deutsche Mittelgebirge
Der offizielle Wanderführer des Harzklub e.V.
ISBN 3-928977-76-8 (Euro 9.80)

Wolfgang Hoffmann
Luther
Ein praktischer Reiseführer zu den bedeutendsten Wirkungsstätten
deutsch: 3-928977-33-4 (Euro 7.60)
engl.: 3-928977-41-5 (Euro 7.60)

Loke/Ringel/Smolka/Metzner
Wo Könige und Dichter tafelten...
Der Reiseführer für Geist und Gaumen von Rügen bis zum Erzgebirge
ISBN 3-928977-61-X (Euro 7.60)

Marion Schmidt
Auf der Straße der Romanik
Der offizielle Kunstreiseführer entlang der Straße der Romanik in Sachsen-Anhalt
ISBN 3-928977-20-2 (Euro 10.80)

Thorsten Schmidt
Links und rechts der Straße der Romanik
Ergänzungsband zu weiteren romanischen Bauwerken im mittleren Deutschland
ISBN 3-928977-24-5 (Euro 8.90)

M. Schmidt/Th. Schmidt/H. Neumann
Romanik in Mitteldeutschland
Schmuck-Kassette mit den 3 Titeln:

Auf der Straße der Romanik
Der offizielle Kunstreiseführer

Links und rechts der Straße der Romanik
Ergänzungsband

Romanik in Sachsen-Anhalt und Niedersachsen
Eine geschichtliche Einführung

ISBN 3-928977-29-6 (Euro 21.00)

Kartographie

Wanderkarten:

Der Harz und Kyffhäuser
Wander- und Freizeitkarte
Maßstab 1 : 50 000.
mit dem Harzklub e.V. entstanden
ISBN 3-928977-49-0 (Euro 5.80)

Der Harzer Hexen-Stieg
Offizielle Wander- und Freizeitkarte
Maßstab 1 : 30 000
Hrsg. Harzer Verkehrsverband e.V. und Harzklub e.V.
ISBN 3-936185-32-8 (Euro 5.50)

Der Harz
Wintersportkarte
Maßstab 1 : 50 000
Neuauflage November 2004
ISBN 3-928977-52-0 (Euro 5.80)

Karte-Reiseführer-Set:

KartoGuide Der Harz und Kyffhäuser
Wander- und Freizeitkarte
Maßstab 1 : 50 000
Natur- und Wanderführer
48 Seiten, Br., 15 Farbfotos
ISBN 3-928977-63-6 (Euro 6.80)

KartoGuide Der Harzer Hexen-Stieg
Offizielle Wander- und Freizeitkarte
Maßstab 1 : 30 000
Wanderführer
48 Seiten, Br., 11 Farbfotos
ISBN 3-936185-33-6 (Euro 6.80)

KartoGuide Der Winter-Harz
Hrsg. Harzer Loipenverbund e.V.
Wintersportkarte Der Harz
Maßstab 1 : 50 000
Loipenführer
30 Seiten, Br., Farbfotos
ISBN 3-928977-82-2 (Euro 6.80)

Freizeitkarten:

Der Oberharz
Maßstab 1 : 25 000;
Gebiet: Goslar bis St. Andreasberg bzw. Bad Grund bis Altenau
ISBN 3-928977-73-3 (Euro 4.00)

Der Hochharz - Rund um den Brocken
Maßstab 1 : 25 000
Gebiet: Ilsenburg bis Hohegeiß bzw. Altenau bis Wernigerode
ISBN 3-928977-91-1 (Euro 4.00)

Der mittlere Harz
Maßstab 1 : 25 000
Gebiet: Halberstadt bis Stiege bzw. Tanne bis Thale
ISBN 3-928977-56-3 (Euro 4.00)

Der Südharz
Maßstab 1 : 25 000
Gebiet: Hohegeiß bis Nordhausen bzw. Bad Lauterberg bis Roßla
ISBN 3-928977-99-7 (Euro 4.00)

Stadtpläne:

Wernigerode
Maßstab 1 : 15 000
ISBN 3-928977-28-8 (Euro 2.60)

Goslar
Maßstab 1 : 15 000
ISBN 3-928977-58-X (Euro 2.60)

Quedlinburg
Maßstab 1 : 10 000
ISBN 3-928977-57-1 (Euro 2.60)

Pläne der gesamten Stadt einschließlich der Ortsteile mit Straßenverzeichnis, Register der Sehenswürdigkeiten und Strecken des Busverkehrs Cityplan im Maßstab 1 : 7 500 und Umgebungskarte geben zusätzliche Informationen.

Straßenverzeichnis

Adelheidstraße	D/F 3/4
Ägidiikirchhof	C 1
Altetopfstraße	A 3
Am Hospital	C 3
Am Schiffbleek	B/C 5
An der Bode	D 4
An der Kunst	A 5
Augustinern	E/F 2
Bahnhofsplatz	E/F 4
Bahnhofstraße	E 4
Ballstraße	E/F 3
Beethovenstraße	A/B 1
Billungstraße	B 5
Birkenstraße	F 1
Blankenburger Straße	A 1
Blasiistraße	B 3
Bockstraße	C/D 2
Bornstraße	C 2
Brandgasse	B 4
Brechtstraße	D 1
Breite Straße	C 2
Breitscheidstraße	A 1/2
Brühlstraße	B 5
Carl-Ritter-Straße	B/C 3/4
Damm	D 2/3
Dippeplatz	C 1
Donndorfstraße	D 1
Dovestraße	C/D 1
Essiggasse	C 2
Finkenherd	B 3/4
Fischerstraße	B 5
Florian-Geyer-Straße	C 4
Friedrich-Ebert-Platz	E 4
Gildschaft	B 4
Goldstraße	C 1
Grabengasse	D 1
GutsMuthsstraße	D 3
Harzweg	D/E 5
Heiligegeiststraße	C/D 4
Hinter der Mauer	E/F 3
Hölle	C/D 3
Hohe Straße	B 3
Hoken	C 2
Jüdengasse	C/D 2
Kaiser-Otto-Str.	A/B 4/5
Kaiserstraße	E 3
Kaplanei	E 3
Kleersstraße	F 1/2
Kleine Gasse	C 1
Klink	C/D 2
Konvent	E 3
Kornmarkt	C 2
Kramerstraße	C 1
Lange Gasse	B 4
Lothringer Straße	A 2
Markt	C 3
Marktkirchhof	C 2
Marktstraße	C 2
Marschlinger Hof	B 2
Mauerstraße	F 3
Mühlenstraße	A 4
Mummental	D 3
Neuendorf	C 1/2
Neuer Weg	C 4/5
Neustädter Kirchhof	E 2/3
Pölkenstraße	D/E 3
Pölle	C/D 3
Rathenaustraße	F 4
Reichenstraße	E 1/2
Reinsteinstraße	B 2
Rosenweg	F 2
Schenkgasse	A 4
Schloßberg	A/B 4
Schmale Straße	C 1/2
Schuhhof	C 3
Schulstraße	D 2
Seilergasse	C/D 4
Steinbrücke	C 3
Steinholzstraße	B 1
Steinweg	D/F 2
Stieg	C/D 3
Stobenstraße	D 2
Stresemannstraße	E 5
Thomas-Müntzer-Str.	D 4
Turnstraße	D 4/5
Unter d. Birnbaum	A/B 5
Wallstraße	B 1/3
Wassertorstraße	A/B 4
Wasserwinkel	B 4
Weberstraße	D 1/2
Weingarten	B 2
Westerhäuser Straße	A 3
Weststraße	A/B 1/2
Weyhestraße	F 1
Winkel	A 5
Wipertistraße	A 3
Word	B/C 3
Wordgasse	B 3
Zwischen den Städten	D 2